20世纪中国教育家画传

主编：储朝晖

CHEN HEQIN HUAZHUAN

陈鹤琴画传

柯小卫 著

四川教育出版社
·2012年·

图书在版编目（CIP）数据

陈鹤琴画传 / 柯小卫著. —成都：四川教育出版社，2011.9
（20世纪中国教育家画传 / 储朝晖主编）
ISBN 978-7-5408-5601-4

Ⅰ.①陈…　Ⅱ.①柯…　Ⅲ.①陈鹤琴（1892～1982）-传记-画册
Ⅳ.①K825.46-64

中国版本图书馆CIP数据核字（2011）第182360号

责任编辑	张纪亮
封面设计	何一兵
版式设计	王　凌　张　涛
责任校对	史敏燕
责任印制	杨　军　徐　露
出版发行	四川教育出版社
地　　址	四川省成都市黄荆路13号
邮政编码	610225
网　　址	www.chuanjiaoshe.com
印　　刷	三河市明华印务有限公司
制　　作	四川胜翔数码印务设计有限公司
版　　次	2012年5月第2版
印　　次	2021年5月第2次印刷
成品规格	170mm×230mm
印　　张	16.5　　插页　3
书　　号	ISBN 978-7-5408-5601-4
定　　价	49.80元

如发现印装质量问题，请与本社调换。电话：（028）86259359
营销电话：（028）86259605　　邮购电话：（028）86259605
编辑部电话：（028）86259381

总 序

顾明远

2007年3月5日,温家宝总理在第十届全国人大第五次会议的《政府工作报告》中郑重宣布:要提倡教育家办学。这个问题的提出显示出中国急需教育家却又缺少教育家。《国家中长期教育改革和发展规划纲要(2010~2020年)》更明确提出:"造就一批教育家,倡导教育家办学。"

然而,现今即使是专门从事教育工作的人,对怎样才是真正的教育家却也没有清晰的认识。为解决这一问题,中央教育科学研究所研究员储朝晖与时任四川教育出版社社长安庆国在编写一套《20世纪中国教育家画传》丛书的想法上不谋而合,这对传承、传播中国20世纪教育家的办学理念,弘扬其教育精神和优秀思想,促进教育家办学的早日全面实现十分有益,也十分必要。

这套丛书所选择的十位传主是经过教育史专业的学者海选而产生的,他们是王国维、蔡元培、陶行知、张伯苓、胡适、梅贻琦、黄炎培、徐特立、陈鹤琴、晏阳初,我认为他们确实代表了20世纪对中国教育有巨大影响的教育家群体。

这套丛书突出传主的教育思想、办学理念、办学实践,尤其凸显传主的教育家精神;强调以史料为依据,对传主的教育贡献作客观评价,实事求是,还原历史,避免主观,不做有意拔高;全书插入大量珍贵历史图片,以图文并茂的方式呈现历史画卷，使得丛书具有了较高的学术价值、收藏价值以及观赏性和可读性。同时，丛书主编精心挑选各位传主研究方面的专家担任各分册作者，较好地保证了整套丛书的编写深度和质量。其中黄延复研究梅贻琦、宋恩荣研究晏阳初、梁吉生研究张伯苓、戴永增研究徐特立、金林祥研究蔡元培、储朝晖研究陶行知都有二十多年了。我与储朝晖第一次见面是在1988年，他拿着一封方明的信来找我，正是为了查阅北京师范大学图书馆特藏部的陶行知研究资料。北京大学图书馆研究馆员邹新明研究胡适、西南大学教授谢长法研究黄炎培、陈鹤琴外孙柯小卫研究陈鹤琴、华东师范大学徐旭晟博士研究王国维，他们也都是长期从事相关研究的专家学者，堪称黄金组合。这套书将有助于读者更好地领会各位教育家的精神真谛。

希望这样一套难得的好书，能激励有志教育的人成为教育家，切实有效地推动中国的教育家办学进程。

青年的人生观

陈鹤琴

人生可分为四个阶段，第一个阶段是儿童时期，第二个阶段是青年时期，第三个阶段是壮年时期，第四个阶段是老年时期。这四个时期都有它的重要性，不过，依着一般说，青年时期比较的更重要些，因为青年时期不仅仅是年富力强，精神肉体都充满了无限的生命力，并且它还有进取的创造的活力，有勇气、有热诚、爱真理的一股战斗力。

由于现实环境的缭乱和一部分主观上的不够努力，因此不少人都痛感现实生活的沉闷，而对生活发生了疑问，迫切地需要建立一个健全的生活态度，希望有一个正确的人生观。这里，就我的看法，分作十二点。

一、要乐观

一般人对于人生的看法有两种：一种是悲观的，一种是乐观的。悲观的人对于做人做事都是很消极，以为生活本没有意思，还不是那么一套，还不是过一天算一天！因此处处都表现了消沉、麻木、观望的态度。而乐观的人对于做人做事都很积极，随时随地都在找寻真实的理想生活，循着历史的轨道去认识真理，生活在人民当中，做一个真正的人，所以他们所见的前途是善、是美的，也是光明、愉快的。

二、要明事理

做人固然要乐观，但必须有正确的认识，要把握住事情的正确性。譬如在黑板上画一只鸭子，你在左面看是一个样子，从右面看又是一个样子。我们看一件事情，绝对不能看片面的，我们应该从整个的去观察、分析、研究。我一向很不以为然的，一般做父母的，做老师的，处罚子女、学生，总是不问情由就罚站罚打，难道错误都在子女、学生身上吗？这都是很有问题的。

三、要克己恕人

一般人都有一种错误的成见，以为自己都是对的。我从美国回来的时候，在船上看见一个外国妇人站在甲板上看风景，被人踏了一脚，照常理说，无疑是踏她的不对，但事实偏偏相反，她竟连声道歉，认为自己不该妨碍别人走路，错处却在自己。中国人有三句话："圣人过多，贤人过少，庸人无过。"这意思也就是说，凡事要"反求诸己"，要"躬自厚而薄责于人"，不要自己以为没有错的。我们凡事要反过来想一想，错的也许在我。这里我并非要大家养成一种"自卑心理"，而是要大家先责己然后再去责人，这样才能把"是""非"弄清楚。

四、要抑怒制哀

怒与哀都是情绪的表现。怒是积极的情绪反应，哀是消极的情绪反应。我们不管它是积极的或是消极的情绪反应，在生理上的变化是非常剧烈的，危害也很大，所以我们必须学会如何去抑怒制哀。我在《写给青年》中提到"人生三法宝"，以为无论待人处事接物，假使在发怒的时候，最好拿出"照妖镜"来端详一番自己的尊容，看看自己的状态，那你不但不会发怒，反而会笑起来。

当然，要抑怒制哀，并不是要压低我们对抗敌人的战斗情绪，而屈服在暴力面前；也并不是要忘却我们身受的悲哀，去盲求快乐。相反的，我们要有更大的怒，要有更大的哀，而且是用冷静的头脑去思想，采取更有效的反抗。

五、要公平

我在上面说过，一件事情不是单面的，我们如果只知其一不知其二，就贸然地下判断，是免不了错误的。如有些父母对于子女们的态度，总是以自己的喜爱而显出不同。如有些老师对待学生们也常因处理不公平而使师生间的感情破裂，团体中的长官也是如此。所以大公无私，实是做人处事的要诀，否则不平则鸣，是一定的。

六、要舍己为人

我们做人，应当时时提醒自己的便是"舍己为人"。耶稣被钉在十字架上，从容殉道，完完全全是为了人。所谓"人生以服务为目的"，所谓"为大众的幸福"，都明明白白告诉我们，只有肯牺牲自己，在大众的利益上着眼，才有真正的快乐！才有真正的幸福！

七、假如我是你

"假如我是你"看起来这是个很高深的哲学问题，实际上，在我们日常生活中经常会遇到，是一个浅近的做人问题。如果能够解决得好，我相信许多问题就可以更好地得到解决。

谈到交朋友，有所谓"患难之交"与"酒肉之交"。患难的朋友能够在友人最困难的时候予以帮助，予以同情。酒肉朋友，在友人得意时就时常往来，非常亲密；如果朋友一旦失意，便不理他了，那时候，你是你，我是我，什么也不肯帮助，用这种态度去交朋友，是万万要不得的。我们对待朋友也应该抱"假如我是你"的态度，不然的话，怎样可以称得上好朋友呢？

绍兴地方流行一句俗话，"前半夜想想自己，后半夜想想别人"，意思是讲一个人不要专为自己，想到自己的时候，也应该去想到人家。有人说了一句很风趣的话："前半夜想自己的时候，我会聚精会神地去想；到了后半夜，我已疲倦得要睡觉了。"这就是我们普通人自私自利的表现。

又如我国的大家庭中，婆媳之间、姑嫂之间，很少有相处得好的。做媳妇的时候怨婆婆不好，做姑娘的时候说嫂嫂不行，但是到了自己做了婆婆、做了嫂嫂，就忘了当年做媳妇、姑娘的情形，而且总是这样代代相传。但如果能了解"假如我是你"这一原则，婆媳之间、姑嫂之间就不会有争执；如果将这一原则再运用到夫妇间去，也就不会有感情破裂，也不会造成家庭间的悲剧了。

孔子曾讲过一句话："己所不欲，勿施于人。"意思是说，自己不做的，不要加于别人。西洋哲学也有一句话："己所欲，施于人。"这话是说，自己所欲的，要给别人。但是，我们做一件事，不仅仅从自己一方面看，还要从对方去看看。"假如我是你"这种做人的道理，也许比这两种哲学都来得恰当。我们无论做人做事，都应该多从人家的实际处境想，不只是从自己的主观作出发点来想问题。这样的话，我相信，做人一定会做得好，事业也一定可以成功。

八、不畏艰难

我以为做事一定有困难，不困难的事是没有意义的。不过我们遇到困难的事情，就得寻求解决的方法，应当抱"不灰心"的态度去克服它，但不要一味直冲；就是失败了也决不灰心，但不要忘了探究失败的因素。我们依照生理上讲，动物的脑子构造越复杂，解决问题的方法也越多；脑子构造越简单，解决的方法也越少。美国哥伦比亚大学曾经公开做过一次实验，起初实验的是金鱼，把食料放在缸的角落里，如果要吃它，得曲曲折折地游过去，结果金鱼总是在玻璃上乱闯；第二个实验的是老鼠，方法与前者相同，但结果总是被老鼠找到路径。人为万物之灵，更得时时运用思想。照我的生活经验，觉得平坦大路实在太少了，很多事情都是要曲线式行进的。拿破仑攻打意大利时，经过阿尔卑斯山，将士们都畏难不敢前进，当时拿破仑说，"难"字只有愚人辞典里才有！将士们受了他的鼓励，终于达到目的。这虽是拿破仑一时的豪语，但他那种不畏难的精神却是很可贵的。又如武训先生办学校的精神，实在是了不起，值得我们效法。

九、要手脑合一

无论为学为事，仅仅凭了空想是不够的，还得要手脑合起来去做。我们不要惊奇于欧洲科学家的聪明，其实我们远在汉朝就有火药的发明；又如王阳明所创的格物致知，就是研究科学的好方法！

太平洋事变后，上海全部陷于敌手，我由上海转宁波去内地。到了宁波，因事停留下来，遇到一位朋友家的孩子。他问我竹子里面有没有空气，当时我竟回答不出来。如果说有空气，那空气里面有细菌，为什么不腐烂？如果说没有空气，照物理上讲，外面的空气压力很大，为什么竹子不被压扁？后来我实地用水用火去实验，方才证明竹子里面确是有空气的。但问题又来了，这空气是从哪里进去的呢？我又去向专家请教，这才明白。所以，我们不论做学问做事情，必须实地去实验。我国之所以事事落后，就因为一部分人把"做"与"想"分成两件事情。我们读书固然是求智的一个好方法，但除书以外的学问实在太多了，不是亲身去经历，怎能了解呢？譬如一个文艺作家，空有理论而无实际的写作经验，他的理论还是不稳固的。

十、要抓住机会学习

我觉得我们中间的大多数人多具有巨大的潜能隐力，但是这种潜能隐力都埋藏着不曾被发现。有时候偶尔听到了一次演讲，或是一个偶然的触发，就会被唤醒，就发生了无比的威力。例如伽利略发明了钟摆，是被教堂里在摆动的油灯所唤醒；牛顿因了苹果坠地而立言；又如医生用的听筒，是因小孩子玩跷跷板所激发。所以，我们要随时随地去找寻足可以激发的机会。你们不要以为憨厚的老农卑不足道，殊不知他们有许许多多宝贵的经验绝非书中所有。例如我在江西，为了建筑幼师校舍去采购木材，当时我先问了乡下人，他们就告诉我木材的量法和生长在阴山与南山的木料的优劣，使我懂得许多关于木料上的知识。如果没有他们告诉我，我相信一定做了"傻瓜"，还不知道自己上当呢！

十一、要公事当私事做，私事当公事办

有些人对于"公""私"两字的分法实在有些奇妙：有的简直公私不分，而有的却认为公务尽可以马马虎虎地过去，可是遇到私事，那就不同，一丝一毫不能让人，非得斤斤较量不可。当然，这两种态度都是要不得的。记得我在江西，为幼师建筑校舍，起初是点工做的，后来发觉工作效率不行，于是改变计划，就将全部工程包给他们去做。那真是奇怪，原来要三天工夫才能造一堵墙的，居然一天内就完工了。又如有些人对于公物总不爱惜，像日常消耗的水电文具之类，也许是不要花自己的钱去买，总是随随便便地糟蹋了，这又多么不应该呵！所以，我的看法，要大家把公事当做私事去做，把私事当做公事去办，不要仅仅重于私事而忘掉公事。否则，任凭你的能力如何强，但在服务道德上，你是有着不可弥补的缺点。

十二、要互尊、互信、互谅、互爱、互助

没有人是能够过绝对孤独的生活，不然，犹如树木脱离生养相关的泥土，

就立刻会枯萎死灭。所以，曾经有人说过："一个人从别人处所摄取的能力的量愈大、质愈好、种类愈多，则个人的力量愈大。"这是对的。譬如一个歌唱家，他的热情可以唤起群众的共鸣，因而发出伟大的力量，但假使他没有群众，则决不能发生共鸣的力量。我们也可以这样说，一个人成就的一部分还是受外力的影响，常在朋友中无形地或有形地接受着鼓励与辅助。我们要求自己能发挥更大的力量，就得有大量的外力来促成自己的成功。

朋友不论是哪一类，以"人"来讲，应该不分贵贱，我们都应该尊重朋友的人格。你如不尊重你的朋友，也就等于不尊重自己。

人与人之间的结合，虽则有些地方相当神妙，但就大体上说，还是有共通之处的。我以为，朋友之间能取得互信是很重要的，否则互相猜疑，这个友谊是不会长久的。以夫妻而论，又何尝不如此呢？

世间上很少有完人的，所谓"取人之长，舍己之短"，也是这个意思。别人有了过失，我能原谅；我有了过失，别人也会原谅，因为任何人都是免不了犯过失，人的好坏，本来也是从比较上得来的。

我以为，无论做人求学做事的出发点都是一个"爱"字，大至世界，小至夫妇、朋友，都应该相亲相爱。同时，人与人之间的往还，应在均衡的状态下生存发展的。换句话说，唯有互惠平等，彼此提携，方能持久。不然，一味为自己打算盘，第一次或许有人会上当，到第二次，大家都晓得了，还会上你的当吗？

"青年不是自己的，而是属于国家与人类的。"这句话多么的真实。的确，我们从青年本身讲，他不仅是要负起继往开来的责任，并且要把全人类的责任扛在自己的肩上，而去谋大众的利益、幸福。所以，绝不是限于以个人的发展为发展的。

青年是可爱的，前途是无可限量的。这里，我只就管见所切，以供青年朋友们参考。

（本文原载《现代教学丛刊》第一卷第一辑，1948年2月25日）

目录 Contents

目录 Contents

一　遥远的天光

在许多老一辈教育家的人生经历中，思想、人格、性格与健康、生活习惯等都是在青少年时代开始养成，其中理想与信仰、信念始终是他们毕生从事教育事业最坚强有力的起点和支撑，他们笃信教育不仅可以改变人生，并且可以推动社会进步。

陈鹤琴曾告诫青年人："一个人常常受环境的影响、身体的影响。身体病弱，心境就会忧郁，态度就会悲观"；因此，"身体要练习，思想要锻炼，品格要陶冶"。他还说："人一般是'利己'的，因为'利己'与别人发生冲突；若是'利人'，人亦利之，所以我们做人，一定要以'服务'为目的。"[1]

作为教育家，陈鹤琴一直相信童年生活与求学经历对自己一生产生深刻影响，母亲的教诲与二哥的不幸遭遇在他心灵上打下深深的烙印；中国传统文化的熏陶与新教育思想的洗礼使他树立了崭新的人生目标。他相信，一个人要有成就非努力奋斗不可，非为人民服务、为国效劳不可。

在大学时代，年轻的陈鹤琴积极参加社会公益活动，使人生观发生了重大转变。他从国外思想家的著作和清华创办的历史中受到启示，懂得了不仅要"爱人"、"做人"，更要"爱真理"、"救国"。

由此，他开始了新的人生。

---

[1]《陈鹤琴全集》（第6卷），江苏教育出版社2008年版，第427页。

陈鹤琴祖宅一角（上虞百官镇茅家弄）。

故　乡

　　1892年3月5日（农历二月初七），陈鹤琴出生在浙江上虞百官镇一个开杂货铺的破落小商人家庭。小时候，他的身体很健康，长到3岁的时候，身体白白胖胖。夏天里，一个人赤身在菜园里南瓜棚下玩烂泥，玩得浑身脏兮兮的，像个小泥人。在他的印象中，父亲不苟言笑，对于儿女一向十分严厉，六年中甚至没有与全家人一起吃过一餐饭。父亲教导儿女的办法就是"棒头底下出孝子"，他总是说："要从小教起，恶习惯，不可养成的。"正应了中国的一句古话："小孩不打不成器。"后来，陈鹤琴成了教育家，他十分反对以"威"和"畏"来恐吓、惩罚孩子，更反对将孩子作为大人的出气筒。他相信"若要孩子好，必须要从小教起"，同时"爱"比"严"来得要好些。

　　陈鹤琴6岁时丧父，由于大哥治理无方，又欠了赌债，祖上留下来的杂货店和几亩薄田被一点点卖掉，家境十分困难。母亲经常对儿女们说："吃得苦中苦，方为人上人。"为了维持生计，母亲替人洗衣，年仅七八岁的陈鹤琴在一旁帮忙，一担二三十斤的衣服他也能挑起走路。有一天，外面大雪纷飞，家里断了炊，陈鹤琴与全家人一道尝到了挨饿的滋味。他回忆："挨了饿，才知道饿是怎样一回事情，使我们以后对于挨饿的人，格外容易表同情。"[1] 母亲

---

　　[1]《陈鹤琴全集》（第6卷），江苏教育出版社2008年版，第498页。

陈鹤琴的母亲陈张氏。

教育儿女从小不仅要学会做人，还要学会做事。在做人方面，兄弟之间应当友爱，待朋友要好，对人要忠信；在做事方面，"吃亏就是占便宜"、"和气生财"、"做事应当有始有终，不要虎头蛇尾"、"勤俭刻苦，努力奋斗"、"铁杵磨绣针，只要工夫深"。这些教诲一直铭刻在陈鹤琴内心深处，对于他后来的生活、事业产生了深刻影响。

陈鹤琴共有四个哥哥和一个姐姐，其中二哥在几个兄弟中间最聪明，伶俐可爱。他长得容貌端正，精神饱满，天真烂漫；他生性活泼，从小喜欢爬树、爬墙、跳高，还能像孙悟空一般将一根四尺半长的棍棒在身体左右前后舞动，使人眼花缭乱。他不仅爱玩，还爱吃零食、看闲书、写字、讲故事，为此从小没少挨父亲的严厉教训。他写得一手好字，十一二岁时就能写对联，每到乡里有人家办红白喜事或逢年过节，他总被请去替人写字。除此之外，他还很会讲故事，附近的大人、小孩都很喜欢听。他在12岁的时候已经"文章满腹"，四书五经都读完了，第二年在县试中考取了童生。

然而，二哥在府考时，却因镇上几位有钱绅士子弟的嫉妒和旧制度的限制被从考取功名的行列中排挤了出去。于是，他不甘心，又打算出外求学，另谋发展，但终因家境困难未能如愿，此后便在镇中开馆设学，少年老成，人称"垚先生"。有一年春节，他被别人拉去玩牌，输掉了身上所有的钱，羞愧与悔恨交集，回到家中就一病不起，最终英年早逝。正所谓："一失足成千古恨，再回头已百年身。"

陈鹤琴写道：

二哥是一个非常规矩的人，烟酒嫖赌，素来都极端反对、痛恨的。何以到后来竟死于赌呢？这个责任不应他负的，要社会负的。人非圣人，谁无欲望，奈何社会如此沉闷，正当娱乐，一无所有。既没有游戏、运动以活泼其筋骨，又没有音乐、歌唱以舒畅其情绪，所有者烟酒嫖赌，种种恶习，都不是二哥所屑为所愿为。况且新年新岁，赌博是公开的，是皇帝特准的，玩玩本亦无妨。乃二哥自许甚大，自视甚高，今一不慎，坠入陷阱，使洁白之圭得玷污点。谁之辜耶，社会亦应负其责矣。[1]

陈鹤琴进私塾读书时已经7岁了。启蒙老师是镇上颇有名望的星泉先生，他的私塾设在王家祠堂。过去进私塾前讲究"礼数"，先要拜祭文昌帝，然后由大人领着，带着果盒糕、香烛等礼品到书馆里拜见先生。回家后要祭祖宗和办"先生酒"。这样就可以上学了。

每天到私塾后要做的第一件事情，是拜孔子神位。私塾里的功课主要有三门：背书、作文章和学习写字。班上的学生年纪有大有小，先生的教材与教学进度因人而异，因材施教。先生走进课堂后，学生们一个一个地把书拿出来，分别背诵给先生听；先生教新书时，先生教一句，学生跟着念一句，然后

---

[1]《陈鹤琴全集》(第6卷)，江苏教育出版社2008年版，第495页。

学生各自诵读,如有不会的生字,可以问同学,也可以问先生。课堂上各种姿势都有,如有学生念得累了,先生就用手里的戒尺敲一敲。学生们在课堂休息时或私底下常常玩各种简单的游戏,其中有一个游戏是在两个大拇指上分别画上孙悟空和二郎神形象,再在食指上分别画上金箍棒与方天画戟,然后两只手相互"厮杀",口中模仿锣鼓声"咚咚锵锵",十分有趣。放学前,学生们还要向孔子神位作上一个揖,然后各回各家。

六年间,陈鹤琴先后拜了四位先生,换了三个私塾。他从11岁到14岁在"陈家私塾"念书,教书先生是"瘾君子",经常是早晨学生上学时他还没起床,上课时无精打采,随便教教,从不解释,把许多原本寓意深刻、文字优美、活生生的典籍名篇教成了"死书",学生们死记硬背,完全不明白书中的意思,好像是小和尚念经,随口乱念,一点也不懂。"这种教育实在是害人呢!"[1]

陈鹤琴对自己童年时代的总结是:身体发育得健康,无任何疾病,情绪饱满;读了十多部书,认识了几千个字,但对书中的意思却茫然不知;养成了良好的品德,一要孝顺母亲,二要兄弟友爱,三要对人忠信,四要学会待人接物,五要对朋友要真诚;要学会读书,更要学会做人。

晨钟暮鼓

1906年9月,陈鹤琴在姐夫陆锦川资助下进入杭州有名的教会学校——蕙兰中学校读书。姐夫和姐姐典当自家的皮衣、首饰,筹齐了学费。临出门

---

[1]《陈鹤琴全集》(第6卷),江苏教育出版社2008年版,第505页。

蕙兰中学旧景。

前,姐夫叮嘱道:"读得好,可以读上去;读得不好,就去学生意。"当年二哥求学未成的失望表情又浮现在他的脑海,他对自己说:"现在,我的求学机会到了,一定要牢牢地抓住这个机会,死也不能放松。"

刚进蕙兰时,陈鹤琴的学习基础很差,尽管在私塾读了六年书,但也只会背并不理解,而对中学里的英文、史地、科学、算学等各门课程的起点基本为零。所以,他格外用功。每日清晨,天未明就起身,即使在寒冷的冬天也不例外,他要求自己做到"鸡鸣读书"。读书前,他坚持用冷水洗脸,这样可以起到自励的作用。他觉得,早起的习惯至少有两个好处:其一,不虚度光阴;其二,意志力的加强、自信心的坚定。他写道:"凡是人总是贪安逸、图舒服的。身体上的欲望常常克服心内的意志与自信。我能吃苦,不贪安逸,不怕艰难,以坚强的意志、深厚的自信,战胜一切身体的欲望。这种意志力,这种自信心,对于我的一生做人是有很大帮助的。"[1]

在蕙兰校园中,陈鹤琴的早起是出了名的,他一直坚持到毕业。古人说:"一年之计在于春,一日之计在于晨。"小时候母亲常说的一句话:"三日起早比一工。"经过刻苦努力,他的学习成绩逐年提高。他牢记入学前姐夫的告诫,在学习上丝毫不敢懈怠。第一个学期,他的成绩排在全校前十名;第二个学期,他排在了全校第四名,坐上了专为学习成绩优异学生设立的"荣誉座";后来还有一个学期,他的学习成绩排在了全校第一名。

蕙兰中学校舍旧貌。

[1]《陈鹤琴全集》(第6卷),江苏教育出版社2008年版,第512页。

蕙兰中学图书馆。

在中学时期，陈鹤琴记录了许多古人的格言作为自己的座右铭。他将这些格言一句一句写在纸条上，然后挂在墙壁上，时时刻刻警醒自己。他还把这些格言作为歌来唱，每当他遇到困难的时候就会想到一句格言。这些格言中包括"卧薪尝胆"、"己所不欲，勿施于人"、"百折不挠"、"有志者事竟成"、"鞠躬尽瘁，死而后已"、"富贵不能淫，贫贱不能移，威武不能屈"等。

学校里的宗教氛围很浓厚，讲究修身，使陈鹤琴受到强烈感染，开始树立了自己的人生观。他用"无我"作为自己的隐名，立志爱人、牺牲、奉献；同时他还立下"四不"誓言：终身不嫖、不赌、不吸烟、不喝酒。他懂得了一个道理，要济世救人，非有学问不可；要有学问，非读书不可。

1910年，19岁的陈鹤琴从蕙兰学校毕业。第二年，他在四哥的资助下考入了圣约翰大学。因为错过了第一个学期，他只能当插班生，校长要他先试读两周,若读得不好,再退到中等科去。圣约翰大学使用英文授课,起初他感到有些吃力。这时,姐夫的叮嘱又使他警醒,于是像在蕙兰一样硬着头皮,刻苦读书。两周过后,他终于过了"关"。

圣约翰大学的校训是"光与真理",曾有"中国外交官的摇篮"和"东方哈佛"的美誉。学校注重人格培养和英语教学,并且倡导现代体育和体育精神,堪称中国现代体育运动的发源地。同时,陈鹤琴也感到校园中存在着的不平等现象:中文教学不受重视,不仅一般学生不注重中文课程学习,对中文教员没有礼貌,而且教中文的中国教员在生活待遇上较外国教员相差许多。他觉得这是一种恐惧外国人而欺侮中国教师的洋奴心理作祟,心中感到愤愤不平。许多年过后,他对此仍记忆犹新。

清华时代

1911年初,陈鹤琴参加清华学堂举行的入学复试,参加复试的共有468人,考试科目包括国文、英文、算学和史、地、科学等,清政府游美学务处总办周自齐任主考官。清华学堂的前身是清政府依据与美国商定的《遣派留美学生办法大纲》,为派遣留学生赴美深造而设立的游美肄业馆(即留美预备学校),按照章程,所有考生必须具备"学行优美,资性纯笃"和"身体强健、性情纯正、相貌完全、身家清白"等条件。考试分两场进行,全体考生均合格入学,其中94人被编入中等科,其余入高等科,陈鹤琴被编入高等科一年级,成为清华学堂首批学生。3月30日,清华学堂开学,教师以外籍人士为主,约30人。10月,由于武昌起义爆发,国内局势动荡,清华学堂宣布停学。陈鹤琴回到杭州,母亲亲手剪掉了他的辫子。随后,他回到圣约翰大学上课。次年,

清华学堂旧景。

民国成立后，清华重新开学，陈鹤琴又一次北上，正式开始了在清华园的学习生活。

1912年10月，清华学堂改名为清华学校，首任校长是原游美学务处会办、清华学堂监督唐国安，副校长是原清华学堂教务长周诒春。据记载，1913年8月唐国安病逝，临终前推荐周诒春为校长继任人选。

在学校中，周诒春校长办事认真，毫不敷衍，严格遵守学校规章制度。他处处以身作则，不图名、不贪利，不论为人或做事都是诚诚恳恳、踏踏实实。他教导学生说："我不要你们怕我，我要你们怕法律。你们读书，总要研究得透彻，不要马马虎虎，一知半解。你们做事，总要实事求是，脚踏实地，要从小做到大，从低升到高。若是脚没有着实而攀得高高的，那一跌下来，就要跌死的。"学校教务长张伯苓，体魄魁梧，讲话声如洪钟，使人肃然起敬。

陈鹤琴写道：

我的清华时代，好像万象更新的新年，好像朝气蓬勃的春天。我的希望，非常远大；我的前途，非常光明；我的精神，非常饱满；我的勇气，非常旺盛；我的自信，非常坚强；我的自期，非常宏远。那时做人真觉得无穷愉快。[1]

在清华期间，学校纯洁的校风、丰富的校园活动和严谨的科学态度对年轻的陈鹤琴产生了深刻影响。他积极参加各项文体活动，有一年他在全校举行的体力测验中得了第一名。他对人十分友善，无论是对师长、同学，或是校外的驴夫、乞丐，都能友好相处、接近。对于公益事业更是格外热心。他参加了基督教青年会，担任干事；他还与几位同学办了"仁友会"，目

周诒春校长（1883~1958）。　　在清华学堂学习时的陈鹤琴（1912）。

的是"切磋学问，砥砺品行，联络感情，互相协助"。他还负责过学校刊物的出版发行工作，并获得一枚金质五星奖章。在校期间，他曾做了两件很有意义的工作：一件是他在学校里办了一个校役补习学校；另一件是他在学校附近的城府村办了一所义务小学。他一人兼任两所学校的校长和教师，忙不过来时就请其他同学前来帮忙。毕业前夕，有一位在补习学校上过课的理发匠向他要一张照片，恳切地说道："我要把它挂在墙上作纪念，以后别人看到这张照片，我可以告诉他们：'这就是当初教我们书的陈先生！'" 23年后，陈鹤琴重回清华园时，有一位老厨师还能认出他来，问道："你不是陈先生吗？"他真切地感到了教师职业带来的幸福与快乐。

他的清华同窗、教育家郑晓沧记述：

陈教授早就抱了"人生以服务为目的"之主旨。当时清华园附近一带村庄，南起大钟寺，西至海淀，早就踏满了这个青年天使的足迹。每到圆明园的废墟映着夕阳残照的时候，他才和一班野老村童分别回校。有时还去上夜课，那便

陈鹤琴参加清华学校百合花社团学习法语（后排左起第三人为陈鹤琴，摄于1914年）。

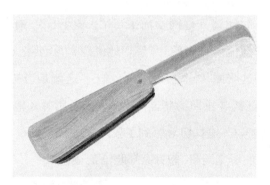

陈鹤琴出国留学前，一位参加校役补习班的
理发匠赠送的剃刀。

须携着灯笼，从这些稀疏的村落，又沿着曲径驰道，迤逦而归了。[1]

当时有三本书对陈鹤琴的人生观产生了深刻影响：一本是《天路历程》〔约翰·彭扬（1628～1688）著〕，作者因反抗英国旧教的专制与腐化被教会下狱长达12年；一本是《黑奴魂》〔又译《汤姆叔叔的小屋》、《黑奴吁天录》，斯陀夫人（1811～1896）著〕，书中描写了19世纪美国黑奴的悲惨境遇；一本是《富兰克林自传》〔本杰明·富兰克林（1706～1790）著〕，讲述了作者从印刷工人成长为科学家、政治家的奋斗经历，他积极主张废除黑奴制度，参与《独立宣言》和美国宪法的起草，被尊为美利坚的创始人。

自清华学堂毕业时的陈鹤琴。

---

[1]《陈鹤琴全集》（第6卷），江苏教育出版社2008年版，第466页。

陈鹤琴写道：

在童年时代，我的人生观无非在显亲扬名；在中学时代，我的人生观在济世爱众；在大学时代，我的人生观除济世爱众外还能注意到救国呢。这种救国的观念是在清华养成的。清华创办的历史我很明白。清华的经费是美国退还的庚款。庚款是什么呢？无非是民脂民膏而已。所以我觉得我所吃的是民脂民膏，我所用的也是民脂民膏，将来游学美国所用的一切费用，也都是民脂民膏。现在政府既然以人民的脂膏来栽培我，我如何不感激呢？我如何不思报答呢？爱国爱民的观念从此油然而生。[1]

---

[1]《陈鹤琴全集》（第6卷），江苏教育出版社2008年版，第525页。

二　新大陆

　　20世纪初叶，清政府曾三次从全国招考往国外派遣的"庚款留学生"，其中包括赵元任、梅贻琦、胡适、竺可桢、陶行知等许多在后来斐声中外的学者、科学家。他们怀着"知识救国"、"科学救国"理想来到当时世界上最发达的美国汲取科学与知识的营养，接受现代文明与工业革命的革新潮流洗礼。他们回国后都成为社会的中坚力量，传播民主与科学的新思想，立志改造旧制度，引领与推动社会进步。在许多年轻学子的心目中，美国不仅是一个美丽的国度，而且是一个充满朝气与活力的新大陆，他们要去追求真理和光明。他们深深相信，教育是振兴国家和民族、推动社会进步的真正力量与希望所在。

1914年在去美留学的船上（前排左一为陶行知，后排右一为陈鹤琴）。

远渡重洋

1914年8月15日，上海招商局码头上一片热闹景象，到处人头攒动。一百多名留学生作为"庚款留学生"即将启程赴美，其中大多是来自清华的"官费生"，包括10名女生，此外也有一些自费生。在送行的人群中，陈鹤琴的未婚妻、岳父和资助他上学的姐夫、小哥等专程从杭州赶来。码头上停泊着的"中国号"邮轮即将起航。船上的烟囱呼呼冒着白色的烟雾，准备起航的第一遍汽笛拉响。船上和船下的人们彼此高举着胳膊，摇动双手，激动地跳跃、喊叫。人们将红红绿绿的纸圈和彩条抛向天空，五彩缤纷。热烈的情绪像电流一般在人们的目光之间传递、交流。当开船的第二遍汽笛拉响，船头的铁锚被缓缓拉起，船上和船下的人们将许许多多彩条连接在一起，又是一片欢呼，一片激动。当第三遍汽笛拉响，甲板上的水手收起缆绳，船身缓缓离开码头，这些彩条被越拉越紧直至断开。"再会！""再会！"人们又掏出各色的手帕挥舞起来，几百条手帕如同几百面旗帜，在阳光下飘动，光彩夺目。随着轰轰作响的涛声与海鸥啾啾的鸣叫声，这些黄皮肤黑头发的青年学子开始了新的人生。

邮轮驶出了吴淞口，航行在茫茫大海上。每日清晨太阳升起，傍晚红日西沉，排山气势的海涛滚滚而来，成群的海鸥上下翻翔。在同船的留学生中，陈鹤琴、金岳霖、涂羽卿、郑晓沧等官费生兴高采烈，陈鹤琴甚至抑制不住激动的心情："我们浩浩荡荡,乘长风破万里浪,横渡太平洋了!"[1]而曾以第一名优异成绩毕业并被黄炎培赞誉为"秀绝金陵第一枝"的安徽学生陶文濬(即陶行知),对于首次渡海远行的经历感到新奇,他自言自语:"海船走得这么快,好极了!"然而,当邮轮刚过日本,船上的大多数人都由于晕船,个个都躺在了床上,一动也不敢动了。陈鹤琴属于少数不怕晕船的学生之一,他在思考自己未来的人生道路。

出国前,他选择到奥柏林大学攻读教育学,然后再转去哥伦比亚大学深造;登船后,他却有些犹豫了,在一般人眼中,教育是一个看别人脸色来谋生的职业,可谓"坐冷板凳"。他问自己:"教育既然不行,那么什么东西可以使我自食其力,不求于人呢?医学是最好的了。我若有了本事,就不必请教人,人倒非请教我不可。"[2]启程后的头三天,他的心里一直不平静,左思右想,夜不能寐。随后他找到随船的校长,表达了自己的愿望,校长为他选择了约翰·霍普金斯大学,该校的医学院享誉世界。过了几天,陈鹤琴再一次审视自己的决定,仔细想过之后又打消了学医的念头,仍然要去学教育。他问自己:"究竟我的志向是什么?我的志向是为个人的生活吗?决不!是为一家的生活吗?也决不!我的志向是要为人类服务,为国家尽瘁!"他对自己说:"是的,医生是医病的,我是要医人的。医生是与病人为伍的,我是喜欢儿童,儿童也是喜欢我的。我还是学教育,回去教他们好。"[3]他又一次失眠了。

经过20多天的航行,邮轮抵达旧金山。留学生们乘火车前往芝加哥,路过盐湖城的时候,他们了解到这个城市在70年前曾是一片沙漠,最早由受到排挤和驱赶的摩门教徒发现并开垦,最终建成了"人间天堂"般的城市。在这些留学

---

[1]《陈鹤琴全集》(第6卷),江苏教育出版社2008年版,第530页。
[2]《陈鹤琴全集》(第6卷),江苏教育出版社2008年版,第531页。
[3]《陈鹤琴全集》(第6卷),江苏教育出版社2008年版,第531页。

生眼中, 所到之处皆是崭新一片, 房屋又新又高, 道路又宽又长, 有自来水、电灯、大学等近代工业社会的结晶, 还有教堂, 传递出一种具有开拓、创造感染力的美国精神。他们参观了一座摩门教堂, 里面有一座巨大的管风琴, 奏响时的声音犹如洪钟, 令人感到震撼。

此时, 年轻的陈鹤琴相信了这句话: "事在人为, 沙漠能变天堂!"

"真理使你自由"

陈鹤琴在美国读书可分为两个阶段, 第一阶段是在霍普金斯大学学习普通学科。在这一阶段的三年里, 按他自己的话来说, 就是"随便什么知识我像海绵似地都要吸收", 他广泛学习各方面知识, 汲取营养, 打下了深厚的基础; 第二阶段是在哥伦比亚大学专攻教育学和心理学, 受业于名师, 钻研教育理论, 学习研究方法。

"真理使你自由"是约翰·霍普金斯大学的著名校训。1914年10月, 陈鹤琴进入约翰·霍普金斯大学就读于二年级, 成为该校招收的第一位来自清华的学生, 同时他也是毕业时拿到学士学位的首位中国学生。在学习期间, 陈鹤琴的英文、法文、德文成绩都很好, 但最使他感兴趣的学科却是地质学与生物学。他写道:

我一读到地质, 好像发现了两个世界, 一个是现代的世界, 一个是古代的世界。从前看见了高山大河, 只知道山之高, 江之大, 而不知道山是怎样构成的, 江是怎样变成的。哪里知道现代的山顶, 就是古代的海底; 现代的海底, 就是将来的山顶。从前只看见平地、高原、沙漠、森林, 而不知道它们怎样来的,

1915年在美国霍普金斯大学学习期间的陈鹤琴。这一年他与其他部分中国留学生为表达对袁世凯和北洋政府接受丧权辱国的"二十一条"卖国行径的愤慨,用每周五绝食一餐的方式以示抗议。

现在知道地球是怎样形成的,地球是个什么东西了。[1]

　　地质学教授常常带着学生采集各种石头,学校实验室中也收藏了各类动植物化石标本,这些标本就像一页一页的教科书,将人们引入地球的历史,使陈鹤琴十分着迷,甚至一度想专攻地质学。与此同时,陈鹤琴还学习了宇宙的变化、生态学等相关知识。在霍普金斯大学,教授上课的方式既新颖又实际,一边讲课一边展示标本,课下还要做各种有趣的实验,教授与学生共同讨论并解决学习中遇到的各种问题。陈鹤琴接触到生物学后,很快又被奇妙的物种生存状态与变化所深深吸引。

―――――――――――

[1]《陈鹤琴全集》(第6卷),江苏教育出版社2008年版,第534页。

　　学校校园有一个小植物园，园内的花房栽植了各种花草。在植物学班上，许多从前只是在书本上读到过或看见过的植物以及它们的变化，学生都可以亲自接触或感受，十分有趣。

　　在生物实验室，每人有一台显微镜，陈鹤琴最喜欢透过显微镜观察生物，他发现蚯蚓身上有雌雄两种生殖器，他还观察过果蝇的繁殖过程，小鸡的孵化，青蛙的骨骼、运动状态和神经系统，从而对"物竞天择"原理有了深刻体会。他不由地感慨道：

　　我研究了生物学，好像发现了显微镜底下的生物世界，认识了从前所看见而不知道的动物世界。可惜我在美国没有读天文学，所以到今天，宇宙的伟大、苍穹的奇妙，还不能欣赏呢！[1]

　　在霍普金斯的日子里，陈鹤琴沉浸在浓厚的研究氛围之中。几乎所有的教授和学生都在埋头研究问题，看不见任何傲慢与自满，只有虚怀若谷和诚恳谦逊。有一天，陈鹤琴在进行实验，需要用水，便走到门口找人打水，远远走过来一位衣着破旧的老人，他还以为是做杂务的校役。后来别人告诉他，这位老人是一位研究低等生物的著名权威。他感到很惊讶，许多看似普通和平凡的事物中间，往往具有深远且丰富的内涵。

　　陈鹤琴有一条学习原则："凡百事物都要知道一些，有一些事物要彻底知道。"对于自己所不了解的知识与新事物，他都会不遗余力地去钻研、观察并亲自试验、实践。有一年暑假，他在康奈尔大学参加夏令营组织的课程，读了三门特殊学科，一科是牛奶，研究怎样制作奶酪、奶油，以及分析、检查牛奶的方法；一科是鸟学，研究鸟的不同种类和习性，每日清晨他都跟随鸟类

---

[1]《陈鹤琴全集》（第6卷），江苏教育出版社2008年版，第536页。

专家到附近树林去观察鸟的生活情境;一科是普通心理学。在这一时期,他感觉自己求知的欲望非常高涨,什么东西都要研究、都要学学看。郑晓沧对他这样评价:"向来喜欢做观察实验工夫,实有科学家的精神。"后来又开始了对"人"的研究,"他是适宜做那种研究的人"。[1]

毕业前夕,陈鹤琴参加阿默斯特大学夏令营的活动,读的又是三门课程,一科是园艺,一科是养蜂,一科是汽车。这些课堂之外的课程不仅丰富了学生的经验、开阔了视野,更重要的是教给学生获得知识、探求真理的途径与方法。后来他回到国内,研究的热情与兴致丝毫未减。他在家里养了十多箱蜜蜂,获得了许多人生乐趣;他所创办的鼓楼幼稚园,校园里栽种了许多花草,这与他在美国学习期间受到的熏陶有直接关系。

在美国的教育中,追求真理和自由不仅是一种境界,并且是一种被普遍认同的价值观。一个人要有种种自由,包括政治上的自由、道德上的自由、学问上的自由、身体上的自由,但是只有首先明白并获得了真理,才能真正获得这些自由。

陈鹤琴写道:

我觉得一个游学生到国外去游学,最重要的不是许许多多死知识,乃是研究的方法和研究的精神。世界上所要研究的知识,实在太多了!怎样可以在短短的五六年时间里都学得到呢?若得到研究的方法和研究的精神,你就可以回国后自己去研究学术,去获得知识,去探求真理。方法是秘诀,方法是钥匙,得到了秘诀,得到了钥匙,你就可以任意去开知识的宝藏了。[2]

---

[1]郑宗海《家庭教育·序》,载《陈鹤琴全集》(第2卷),江苏教育出版社2008年版,第511页。
[2]《陈鹤琴全集》(第6卷),江苏教育出版社2008年版,第537页。

哥伦比亚大学

　　位于纽约曼哈顿西120街的哥伦比亚大学师范学院组建于1912年。这所学院代表着20世纪初世界教育学和心理学的最高水平，拥有杜威、桑戴克、克伯屈、孟禄等一大批知名教授、权威，被誉为"培养教育家的摇篮"与"世界新教育中心"。陈鹤琴出国前就向往进入哥伦比亚大学深造。他写道：

　　哥伦比亚师范学院是世界上研究教育最著名的地方，教授学问之渊博，教育学科之丰富，学生人数之众多，世界上任何大学都找不出来的。[1]

　　1917年夏天，25岁的陈鹤琴从霍普金斯大学毕业，来到了纽约，进入哥伦比亚大学专修教育。中国许多知名政治家、外交家、教育家都是出自这所世界著名学府。哥伦比亚大学师范学院是西方新教育思潮最重要的策源地。随着美国社会的不断变革，以实用主义教育思想为标志的进步主义教育运动兴起，美国的学校在培养目标、课程内容和教学方法等方面向着适应新社会需要的方向发生变化，针对以赫尔巴特教育思想为代表的欧洲传统观念，以及教育上的形式主义，致使学校生活、课程内容和教学方法等方面极不适应社会生活的变化等现象进行批判。[2]进步主义教育思想最重要的代表人物是著名哲学家、教育家约翰·杜威（John Dewey, 1859~1952），以及他的学生

---

[1]《陈鹤琴全集》（第6卷），江苏教育出版社2008年版，第537页。
[2] 单中惠主编：《西方教育思想史》，教育科学出版社2007年版，450页。

位于纽约市曼哈顿西120街的哥伦比亚大学师范学院。

克伯屈、孟禄、罗格等。

　　哥伦比亚大学师范学院是美国新教育的大本营,也是杜威教育学说的大本营。杜威提倡实用主义教育哲学,批判传统的教育理论,强调教育与生活、学校与社会的联系,主张在课程、教学内容、教学方法以及师生关系上进行变革,重视教育实验。其主要学说包括"教育即生长"、"教育即生活"、"学校即社会"以及"以儿童为中心"、"做中学"等。他认为学校是社会的改造者,而教学工作应负责协助指导这项改造。他被称为"当代西方教育思想大师",对世界教育发展产生了深远影响。

　　陈鹤琴入校时,杜威已经退休,他的学生克伯屈(又译基尔帕特里克,W. H. Kilpatrick, 1871～1965)和保罗·孟禄(Paul Monroe, 1869～1947)是陈鹤琴最尊敬的两位导师。他在哥伦比亚大学师范学院学习的主要课程包括教育心理学、教育哲学、中学教育组织机构、学校体制比较学、宗教心理学、思维心理学、社会机构、特殊儿童心理学等。

克伯屈是"设计教学法"和"儿童中心学校"学说的倡导人,他致力于实用主义(pragmatism,亦译"实验主义")教育思想的通俗阐释;反对传统教育抹杀学生兴趣,桎梏儿童活跃的心灵,滞阻创造力和学习精神;批评旧式教育中的形式主义、严格主义,主张提供给学生更多的学习自由。他认为儿童的学习课程应主要由儿童来决定;儿童的天性是喜欢去学习与他自身兴趣有关联的知识,或能帮助其解决自身所遇到的困难的事物。他指出:"教育必须以完整的人格以及无所不包的品格为目的";同时,"一个人要学习任何事情,他必须首先经历那个事情",从而强调经验在学习中的重要作用。

哥伦比亚大学师范学院师生(第二排右一为陈鹤琴)。

在克伯屈讲授教育哲学的课堂上，很多人都曾有过当教师的经历，有的做过中学校长，有的做过小学教师，还有的甚至做过督学。教室里座无虚席。班上的学生来自不同国家，每学期总有几百人。与陈鹤琴同班的有一位六十岁出头的祖父和一位二十来岁的孙子，可以说是祖孙同堂。就连曾担任清华学校教务长，后来创办了南开学校的张伯苓先生也端坐在座位上听讲。

对于克伯屈的课程受到学生拥戴的原因，陈鹤琴曾这样描述：

他的思想有魔力，他的教法有魔力。他是主张言论自由、思想自由的。他不肯抹杀别人的思想，也不肯放弃自己的思想。他要集中各种见解、各种思想来解决疑问，来解释难题。所以他所用的教法是独出心裁而能刺激思想的方法。他不用注入式的讲演法，他用启发式的问答法。[1]

克伯屈教的课程与众不同，他先将学生们任意分成十几个小组，每人发给一张纸，上面印有需要回答的问题与参考书籍。学生们可以在课余时间到图书馆去看参考书，然后在小组里相互讨论、切磋。上课时，克伯屈先提出问题，各组派代表发表意见，同时允许其他组提出质疑或相互辩论，直到各方充分发表观点后，他再进行点评与总结。陈鹤琴回忆："有错误的，他指出错误；有真理的，他指出真理，把一个问题解答得清清楚楚。这种教法是兴奋剂，个个学生都愿意绞脑回肠去研究问题、检讨问题、辩论问题。在他的教室里二三百个学生没有一个会打盹的，没有一个会偷看小说，没有一个不竖起耳朵、提起精神去参加辩论，贡献意见！"[2]陈鹤琴称这种"启发式"、

---

[1]《陈鹤琴全集》（第6卷），江苏教育出版社2008年版，第538页。
[2]《陈鹤琴全集》（第6卷），江苏教育出版社2008年版，第538页。

"参与式"教学方式犹如西方的议会和"辩论会",这与传统教育中先生在上面讲,学生在下面听的"注入式"教学方式完全不同,不仅充分调动了学生的学习热情,而且体现了自由、平等、尊重他人的民主精神。

孟禄是著名的教育史专家,也是美国进步主义教育思想的主要代表人物之一。他所著《教育史》系统阐述了西方教育从远古时代到20世纪初的发展历程,标志着美国教育史学科研究进入一个新的发展阶段,一直被作为美国师范院校教育史课程的标准教材,对欧美其他国家的教育史学科研究也产生了广泛的影响。1917年冬天,他组织的考察团到美国南方考察黑人教育,陈鹤琴与同学郑晓沧也是这个考察团的成员。黑人在美国社会中地位低下,被许多人视为"劣等民族",然而,在这次考察之旅中,陈鹤琴的所见所闻却使他感到耳目全新。

考察团到达的第一站是位于美国南部弗吉尼亚州的汉普顿学院,学生中有黑人、白人和黄种人,学生可以用勤工俭学挣到的钱交学费和食宿费。在学校里,陈鹤琴听到一个故事:有一位名叫布克的黑人,从小家里很穷,十五六岁时在矿上做工。当他听说在弗吉尼亚有一所汉普顿学校专门招收黑人学生时,他就下决心一定要去那里读书。于是他开始一点一点攒钱,过了三四年,他动身前往,因为攒下的钱不够买到汉普顿的车票,他就提前下车,一路做工一路走,终于到了汉普顿学院门口。他对学校里的一位女教师说明了自己的愿望,女教师见他态度很诚恳,就给了他一把扫帚、一块抹布。他把扫帚和抹布拿着手中,把房间打扫得干干净净。干完活后,女教师非常满意,就允许他在学校半工半读。这是布克引以为豪的一次入学考试。经过四年学习,布克决心也办一所像汉普顿一样的学校。最终他如愿以偿,这就是考察团第二天参观的塔斯基吉学院。

塔斯基吉学院位于亚拉巴马州,从创办人到所有的教师都是清一色的黑人。在主人的引导下,考察团来到化学实验室。一位化学家正在研究一种植

塔斯基吉学院的
黑人教育家布克·T.
华盛顿塑像。

物染料,他把研制的颜料向来参观的人们展示。到了午饭时间,一千多名学生排着整齐的队伍,在乐队引导下走进饭厅,先唱歌再吃饭。唱歌的时候,先由一位学生领唱,其他学生合唱。他们的歌声深沉、富于情感,内容是以怀念家乡为主。学校校长介绍,学校里的全部校舍都是学生自己修建的,学生们既会用脑也会动手。这也是孟禄带领大家来这里参观的原因之一。陈鹤琴联想到黑人在美国社会中所处的低下地位,情不自禁地感慨:"教育可以改变人生。"

旅途中,考察团还去参观了一所由夫妇二人主持的乡村小学。从周一到周五,学校用来上课,而每逢星期日,学校就成了教堂,教师变身为牧

塔斯基吉学院。

师。村里的社交活动都在学校里举行，因此学校成为当地社会活动的中心，与社会发生直接联系。

参观结束后，陈鹤琴从黑人身上感到了信仰与精神所产生的巨大力量。与这些"黑奴伟人"相比，他想到了自己："我们自命为优秀分子，曾受过高等教育，应如何奋发惕厉，为国努力呢？"[1]

回　国

作为一名中国的留学生，虽然身处异国他乡，陈鹤琴仍然时刻关注着祖国发生的一切。1915年从国内传来北洋政府准备接受丧权辱国的"二十一条"的消息，在美的中国留学生纷纷表示抗议，陈鹤琴与其他留学生遂于每星期五绝食一餐，以示卧薪尝胆之志，达半年之久。他时刻记着清华校长周诒春对他们的叮嘱："你们到美国去游学，不是去读死书的。你们要看看美国的社会，看看美国的家庭。你们要张开眼睛，到处留心。"他在美国留学期间做了两件有意义的工作，第一件工作是宣扬中国的文化，他曾应邀向中学生讲孔子学说。第二件工作是他积极参加华侨童子军的活动，并且主持了一个为中国学生提供生活方便的俱乐部。他有一个信条："人生以服务为目的。"

1917年陈鹤琴在纽约参加由当地华侨组成的童子军，还被推举为队长。童子军分成"老鹰"和"老虎"两队，每周六晚上全队都要聚在一起开会，讨论问题、举行讲演比赛，假期还举办野餐、野外露营活动。他还结识了一位来

---

[1]《陈鹤琴全集》（第6卷），江苏教育出版社2008年版，第541页。

自非洲一个小国家的王子，
名叫华罗（Walo），他们住
在一起。为节省费用，他们
在营地的厨房干活，王子主
厨，陈鹤琴做帮手。华罗能
说一口流利的英语，网球
打得很好，还会吹短号。白
天，他们在一起切磋球技；
晚上，王子吹短号，陈鹤琴
弹曼陀林（一种弦乐器）。
在联谊会上，他们珠联璧
合，共奏一曲，博得满场
掌声。一直到几十年以后，
陈鹤琴仍常记怀那段快乐
日子，那把见证他们友谊
的曼陀林也被细心收藏起
来。在中国留学生中，陈鹤
琴的热情、活跃渐渐使他
小有名气，不仅同学们喜
欢他，就连同学的家长和
当地多少有些守旧的华侨
也被他的热情所感染。他
被推选为北美基督教中国
学生会会长。有的女生向
他表达爱慕之意，他则将

陈鹤琴在夏令营担任纽约华侨童子军队长
时的留影（1917）。

陈鹤琴在美留学期间，将未婚妻俞雅琴照
片挂在墙上，戏称"挡箭牌"。

自己未婚妻的照片挂在居室墙上，戏称为"挡箭牌"。

1918年夏天，陈鹤琴获得教育学硕士学位，又转入心理系，师从伍特沃斯教授，开始收集资料，准备博士论文。第二年年初，他的游学年限即将届满，而博士论文尚需时日方能完成。不久，正在美国各地物色教员的南京高等师范学校教务主任郭秉文向他发出回国任教的邀请，并承诺三年后再送他回美完成博士学位，陈鹤琴一口答应下来。当师长和朋友们劝他留下继续学业，他对自己说："我是从来不失信的，况且我刚刚出来做事，哪里可以不守信约呢？"[1]

三个月后，他登上了回国的邮轮。然而，当破旧的"南京号"邮轮缓缓驶入黄浦江，他所看到的景象与五年前离开上海时基本相同，阴暗、压抑、贫困、疾病随处可见。国内社会的现实沉重地敲击着陈鹤琴的心，他觉得自己一下变得喘不过气来。

他心中感慨：我们中国在明代时的造船技术比外国不知要高明多少；郑和下西洋的时间比哥伦布船队远航要早80多年。但是中国现在却因为没有新的科学、没有新的造船技术、没有造船的钢铁，而只能向外国买"二手"旧船。这说明，我们中国确实落后了！

回国途中，陈鹤琴搭乘的邮轮在东京靠岸，他在码头上看到许多人力车夫在看报纸，他不由得感慨："现在是民主潮流的新时代，如果不能适应优者生存、劣者淘汰的原则，一定会落在时代的后面。要想赶上这个时代，毫无疑问的要有科学文化和科学的思想，所以知识的重要由此可见一斑。"[2]

他刚回到上海就遇上了两件不顺心的事情。

---

[1]《陈鹤琴全集》（第6卷），江苏教育出版社2008年版，第542页。
[2]《陈鹤琴全集》（第6卷），江苏教育出版社2008年版，第556页。

1920年陈鹤琴与夫人俞雅琴结婚照片，前排为俞雅琴的父母。

有一天夜里，他住的旅馆房间隔壁打麻将的声音使人不能入睡。已是半夜时分，打麻将的人仍无停止的意思。于是他找到茶房表示不满并提出可否予以制止。谁知茶房却板起脸孔说道："你可知道这是什么地方？"陈鹤琴回答："是旅馆！"茶房很不屑地看了他一眼，"是啊，这是旅馆！"然后，撇了撇嘴角转身离开了。还有一天，他乘有轨电车，旁边有一个男子随处吐痰，陈鹤琴走上前说了一声："你的痰应该吐在手帕里！"对方恶狠狠地回答："我并没有吐在你身上啊！"陈鹤琴说："这公共的地方你不该随地吐痰。"对方满不在乎地说："既然是公共的地方大家都可以吐痰。"陈鹤琴无奈地摇了摇头，他在心里想："许多人不注意公共卫生是一种根深蒂固的劣根性。在中国凡是大家的事大家都不管，而在文明国家里却相反，因为人们知道，我是大家里面的一个，大家的事情就是我的事情，我自己的事情怎样能够不去管呢？"[1]

不久，陈鹤琴回了一趟上虞老家，一路上满目疮痍、饥民无数，他的心情非常沉重。他感到，自己的祖国依旧哀鸿遍野，到处是贫穷潦倒的人们；自己的同胞身体孱弱、患肺病的人口和儿童死亡率都居世界第一，因而被外国人称为"东亚病夫"。他相信，教育的力量可以改变世界！

---

[1]《陈鹤琴全集》（第6卷），江苏教育出版社2008年版，第555页。

三　新教育时代

　　20世纪20年代初，在新文化运动的潮流中，民主与科学思想广泛传播，新教育运动蓬勃兴起。革除旧教育制度弊病，建立符合教育原理与科学方法的新教育，培养学生具有科学的知识、技能与人生态度，成为许多中国早期现代教育家共同追求的目标。在杜威、罗素、孟禄等西方思想家、教育家的推波助澜下，一场轰轰烈烈的教育改造运动在中国的南方和北方迅速蔓延，形成以"南高师"（南京高等师范学校）及东南大学与"北高师"（北京高等师范学校，即北京师范大学的前身）两个最重要的研究基地。其中，以海外留学生为骨干与中坚力量的"南高师"及东南大学的教育科（系）在郭秉文、陶行知等人的支持与推动下，陈鹤琴、俞子夷、廖世承、郑晓沧、孟宪承等年轻教育家受新教育思想影响，积极引进西方的科学教育方法，开展儿童教育和教育心理研究，编制各种心理和教育统计与测量的试验量表，进行学制与教学法的研究与实验，探索适合中国国情的教育改革道路，成为中国现代教育的开拓者和奠基人。由此，陈鹤琴开始了教育家的生涯。

杜威夫妇与"南高师"部分教师合影（前排左二为杜威、左三为杜威夫人、左五为陈鹤琴、左八为陶行知）。

初到"南高师"

1919年秋，陈鹤琴进入"南高师"担任心理学教授，当时的"南高师"存在着"改革"与"传统"两种势力。主张实行改革的校长郭秉文、教务主任陶行知等人倡导"教育民主"、"学生自治"和"男女同校"，营造活泼、向上的校园氛围。陶行知提出："想要能够共同自治的公民，必先有能够共同自治的学生。"与陈鹤琴先后来到"南高师"任教的还有清华同窗涂羽卿（曾担任圣约翰大学校长）、陆志韦（曾担任燕京大学校长）和郑晓沧（曾担任浙江大学教务长、代理校长）。他们与陈鹤琴志同道合，情同手足，胸怀教育救国的抱负。他们相信，中国需要民主，但教育必须先行。没有教育，民主与科学将无法实现。

初进"南高师"，有一个情形使陈鹤琴感到有些意外，学校的操场上，学生们穿着长衫打篮球，每个人脸上都是一副文绉绉的模样。他听说，学校里很少有课外活动，学生出来做运动经常需要强迫。他写道：

身体衰弱就是缺少活力，生命力薄弱，一切勇气、毅力都会减低。当你正在年轻有为的时候，国家正需要你，你却因为缺少活力、缺少生命力而拒绝这个神圣伟大的请求，这该多么令人惋惜啊！[1]

---

[1]《陈鹤琴全集》（第6卷），江苏教育出版社2008年版，第556页。

这时"自动主义"在许多学校盛行，成为教育新思潮。"自动主义"强调学生自学、自强、自治；以学生自动为主，教师则加以指导。"南高师"开办了暑期学校及国语讲习课，由担任教务主任的陶行知亲自主持，开设小学组织法、小学教授法、社会教育学、实验心理学、儿童心理学、文学概论、近代西洋哲学史、高等数学等科目，邀请廖世承、陆志韦、陈鹤琴、王伯秋等本校教授，以及北京大学的胡适、陈衡哲，南开大学的凌冰、梅光迪等担任教员，学生总数逾千人，籍贯遍及全国各省，学生中年龄最大的59岁，最小的16岁。陶行知等人反对狭隘的课堂教育，提倡扩大学生知识面，重视校园体育活动，鼓励实践与思想自由。在校内各部科设立研究会，邀请中外学者讲学，并参加南京市举办的学术公开演讲。1919年10月，"南高师"成立学生自治会。12月7日，陶行知在学校校务会议上提出《规定女子旁听法案》，获得一致通过，并决定自1920年暑期正式招收女生，首开中国国内大学男女同校之先河。陶行知与刘伯明等倡导，实行学生寝室与自修室合并，反对"监学"制度，强调自觉力学、德行互勉和学生自治的重要性。

在一片热烈的气氛中，踌躇满志、血气方刚的青年教授陈鹤琴走马上任，他被推选担任游艺和制定校徽委员会主任。他与陶行知、郑晓沧、廖世承、陆志韦、俞子夷、涂羽卿等教授一道共倡新教育，改革旧教育。为扫除学校暮气，建立有生气、有活力的校风，学校成立了许多委员会，开展形式多样的校园活动，培养学生的自治精神。

为激发学生的热情，陈鹤琴仿照清华举办活动时常见的"欢呼"，每逢学校举行运动会或联谊会时，他带领学生拉拉队大声"欢呼"，加油助威。有一组欢呼是仿照火车机车的声音，欢呼节奏由慢而快，声调由低至高，词句是："中国万岁！——中国万岁！——中国万岁！——万岁！——万岁！——万万岁！"另一组欢呼是仿效钻天炮的声音，词句是："丝——砰——啪！啦啦啦！啦啦啦！啦啦啦！南高！南高！南高！"他要用这些欢呼，使学生们的情绪跟着欢呼声凝结起来，像钢筋水泥般坚固。在"南高师"学生自治会成立大会上，陶行知和陈鹤琴都作了"恳切而详尽"的演讲。会后举行了联欢大会，气氛热烈。陈鹤琴曾自嘲是"地道的聋子，对于音乐的高低始终辨别不出来"，然而他还是在学生面前登台演唱。

经过陶行知、陈鹤琴等教育家的努力，不到一年的光景，"南高师"校园里的风气有了明显变化，学生参与管理学校事务，各种学生自治组织、委员会成立起来，各种课外活动开展得有声有色。正当陈鹤琴兴致高昂，准备大干一场的时候，各种流言蜚语在校园里传开了，有人给他起了一个绰号叫"欢呼博士"，意思是说，这个新来的留洋教授并没有什么真学问，只会欢呼、说空话。在一次校务会议上，讨论到有关校旗的议题。陈鹤琴站起来发言，他提议用白色或紫色作为"南高师"的校色。白色代表青年的纯洁，紫色代表学

1920年新教育社合影（黄炎培、郭秉文、蒋梦麟、余日章、涂羽卿等，前排左二为陈鹤琴）。

术的渊博与高深。他的这番提议受到另一位教授的嘲讽:"颜色就是颜色,又有什么意思呢? 学校就是学校,又何必有什么校色呢? "在这些议论面前,陈鹤琴感到很难过。他决心立即着手实际的研究工作,用事实说话。他意识到,校风的改变,绝非一朝一夕就能实现。

1920年12月,经北洋政府国务会议通过,在南京建立国立东南大学。翌年夏天,东南大学与"南高师"同时招生。东南大学以原"南高师"的教育、体育专修科为基础设立教育科,陶行知任教育科主任。1922年12月,"南高师"并入东南大学,陈鹤琴担任教务部主任,继续教授儿童教育和儿童心理学课程。

改制后的东南大学,延续"笃实而有光辉"的良好学风,注重研究与试验,大力推进教育与教学改革。在学校中,陈鹤琴专攻儿童心理学,他与其他同事经常在一起进行各种试验。在他看来,"不试不能知道学理是不是合用,一试验后,可以找出新的问题来"。在课堂上,他的授课深入浅出,生动有趣,深受学生欢迎。同时,他十分注重自身的示范和表率作用。有一次,他带学生到上海做学校调查,他与一个学生站在人行道上谈话,看见那个学生的裤扣没有系上,便走上前去帮学生扣好,然后微笑着说:"这是一种对人的礼貌啊! "这个学生脸红了,将这件小事牢记心间,以后一遇到陈鹤琴,便马上将自己的穿戴审视一遍,养成了良好的习惯。

著名教育家俞子夷对同事陈鹤琴曾有这样的描述:

他的姿势最使我羡慕。无论上课、开会、谈话,他总是始终坐得挺直,从不见他撑了头、弯了腰、曲了背,露出一些疲乏的神情。立时、走路,也是这样。就是打招呼行礼,他上半身的弯度,也是很小,并且在背后看不到弧形的曲线。"正直"可以代表他的姿态。

圆圆的脸孔,健美的脸色,再加上一副永远不分离的微笑,使得和他接触的人，个个发生好感和愉快。即使在研究很严重问题时，他发言仍夹些微笑。他的语言虽不像音乐，但是这一个微笑却很容易使听者乐意接受。厉声严色，或者有密切的相关，和颜悦色下，只听得他轻快平静的声音，我没有看见过他发怒。[1]

新教育运动

陈鹤琴最初进行的研究工作，一项是对当时社会上普遍存在的青年学生婚姻问题开展调查；第二项是对语体文（即白话文）应用字汇的研究；第三项研究是教育测验。

五四运动之后，社会上对于实现教育民主，青年人思想解放与婚姻解放，反对父母之命，媒妁之言的买卖式婚姻等问题展开了讨论，各种意见纷纷发表。陈鹤琴的第一项研究就是在这样一个大背景下进行的。1920年2月，陈鹤琴发表《学生婚姻问题之研究》调查报告。他在报告中以在江浙两省对已婚与未婚学生进行的抽样调查所取得的数据为依据，采用社会学的统计分析方法，对"旧式的婚姻在现今的学生界是否仍旧通行"、"自由婚制有否实行"、"对于父母代定的婚事，做子女的满意不满意"、"建设小家庭是否是青年的希望"等问题作了回答；对包办婚姻、封建礼教和"女子无才便是德"等旧观念进行抨击与批判。陈鹤琴的结论："所以要改良中国的婚制，增进人类的幸福，巩固国家的基础，当从普及教育着手，尤当从提倡

---

[1]《陈鹤琴全集》（第6卷），江苏教育出版社2008年版，第468页。

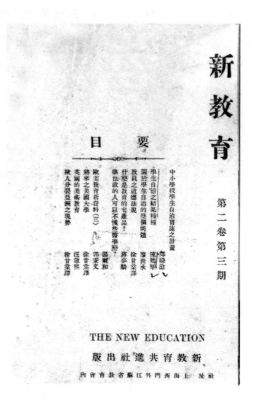

刊载《学生婚姻问题之研究》的《新教育》杂志。

女子教育着手。"[1]

第二项研究，从1920年起，陈鹤琴带领助手对语体文（即白话文）应用字汇进行整理，从儿童用书、报章杂志、小学生课外读物和文学作品中收集语体文常用单字与词汇，共检查了约90万字。开展这项研究的目的在于为正在广泛开展的教育普及运动和平民教育提供用字依据。其作用在于：第一，

[1]《陈鹤琴全集》（第6卷），江苏教育出版社2008年版，第47页。

可以作为小学校编教科书的根据；第二，可以作为成人教育的工具；第三，可以作为编制测验的根据。当时国内在这一领域的研究尚属空白，经过三年努力，他们的研究工作进展顺利。

1923年12月初，东南大学存放资料的口子房因电线短路失火，木质结构的楼房被烧成废墟，楼内存放的标本、图书、资料均被焚毁，陈鹤琴与助手们存放在这里的研究成果也化为灰烬。幸好有一位叫陈绍陶的助理，在失火前将一部分底稿带回了寝室，才使他们的研究成果不致"全军覆没"。救火时，陈鹤琴奋力冲进楼内，抢回了被自己视为宝贝的显微镜。在废墟前，许多教授、师生号啕大哭，伤心不已。火灾过后，陈鹤琴带领助手继续进行关于字汇的研究和编著工作，经不懈努力，终于完成我国第一本汉字查频工具书——《语体文应用字汇》。在此之前，陈鹤琴等的这项研究成果已经被陶行知、朱经农作为编写《平民千字课本》的用字依据。当代教育史学家评价：这一课题直接影响到中国教育民主化的历史进程。

第三项研究的目的在于"因材施教"，以实现教育公平。19世纪中叶，西方工业革命后，社会对于劳动力的需求大量增加，分工日益精细，随之出现专门人才的训练、人员选拔与职业指导。心理学家们运用生理学和心理学方法测量来自不同族群或地域的人们所各具的特性，以确定其相似程度，作为评估不同个人的智力、心理素质及其他身体特征的依据。1890年，美国心理学家卡特尔发表《心理测验与测量》一文，首次提出"心理测验"这个术语。此前，他曾编制了数十个测验，包括测量肌肉力量、运动速度、痛感受性、视听敏度、重量辨别力、反应力、记忆力等项目。1905年，世界上第一个智力测验量表——《比奈－西蒙量表》问世，经1908年和1911年两次修订，这个量表成为心理测验史上的经典。1919年美国哥伦比亚大学在招生考试中，采用智力测验作为录取学生的依据。

1917年，在蔡元培的指导下，中国首个心理学实验室在北京大学成立。

1918年，俞子夷仿照美国心理学大师桑戴克所著《书法量表》体例，编成《小学国文毛笔书法量表》共4种，发表于《小学校》杂志1918年第10期。此后，俞子夷又陆续编成《初小算术四则测验》、《文语体缀法量表》、《小学算术应用题测验》、《小学社会自然测验》等，在"南高"及"东大"附小、"东大"附中和江苏、浙江各实验学校推广试用。

1920年，南京高等师范学校建立了中国高等学校中的第一个心理学系。陈鹤琴与廖世承在"南高师"首开测验课程，并将心理测验应用于招生考试之中。测验分为两类，一类为智力测验，另一类为教育测验。前者的目的在于测验儿童在智力发育上的差异，后者则侧重于诊断儿童各学科的能力，以采取正确的施教方法。陈、廖所著《智力测验法》被公认为是中国最早的测验专著，该书由商务印书馆出版后，广受好评，曾多次再版。他们的第二本著作

"南高师"教育科教员与第一级毕业生合影（前排左一是陈鹤琴，左六是陶行知）。

《测验概要》于1925年出版，在其姊妹篇《智力测验法》的基础上，该书的内容更为全面和实用，强调从中国实际出发，研究和编制适合中国儿童特点的测验，"书中所举测验材料，大都专为适应我国儿童的"[1]，被教育界誉为"测验最简便的用书"，也成为20世纪二三十年代中国学者所编制测验中的经典之作。书中所列各种测验曾在南京、苏州、上海等地的幼稚园、小学、中学、师范学校中进行实践，先后受试者逾千人，自幼稚园到高等小学，还包括部分初中生，年龄范围由3岁起至20岁，男女各半。

陈鹤琴的学生张宗麟记录了当年举办入学考试的情形：

"预备！拿笔起来，头抬起来，眼睛看着我……"

"做！快些做……"

这是一个炎热的下午三点钟，在一片广大的草地上，盖着一座很大的芦席棚子，棚子里坐着一千二百几十个投考的青年，每个青年右手拿着笔，左手扣着卷子，眼睛全望着讲台上的一位青年教授。全场肃静到纸扇的声音也没有，只听到这位青年教授，解释试题和发着命令：

"中国是民主共和国，这句话是对的，那末在括弧里加"+"号。地球是月亮的卫星，这句话是错的，那末在括号里加"—"号。……大家懂得做吗？……那末听我的命令，不可作假：预备——做——快些做！……"全场青年立即照着他的命令飞快地做着，这时候，全场只听到铅笔擦着纸面的声音，比一所大育蚕室里成千成万蚕吃桑叶的声音更清脆、更响亮。

约莫过了五分钟，站在讲台上的青年教授突然又发命令：

"停！笔放下来，卷子扣起来。再听我的解释……"

青年教授把第二种试题解释明白以后，接着又发命令：

---

[1]《陈鹤琴全集》（第5卷），江苏教育出版社2008年版，第479页。

"预备—— 做！"全场青年又依照着他的解释急速地做去，又过了五分钟，这位青年教授又发出"停！"的命令，接着第三种试题又开始，又经过一番解释，又发出"预备—— 做！"的命令，全场又依照着命令去做。这样足足做了二小时，做了五种试题，助考员收去试卷，全场青年从几个出口依次出场。

这是二十年前南京高等师范和东南大学合并举行入学考试中智力测验的一课，是全部考试中最新奇而又最紧张的一课。

为着这样新奇的考试科目，每个投考者对于这位青年教授也就留下了最深的印象。当时我对他的印象觉得很可敬爱："晳白而红润的脸，留着短短的平顶发，短小而强壮的身材，轻快活泼的举动，不能大声呼喊的声音，斩钉截铁般的语调，态度虽然很严肃，但并不觉得可怕，也没有道貌岸然的矜持与做作……"

这位青年教授，就是当时"南高"和"东大"的教务长陈鹤琴先生。[1]

1921年1月中华心理学会在南京成立，陈鹤琴被推举为总务股主任。在此后十多年中，陈鹤琴一直作为成员参加这个很小的学术团体的活动。1931年6月，陈鹤琴与艾伟、廖世承、陆志韦等发起成立中国测验学会。

中华教育改进社

20世纪初，随着民主主义思想的传播，西方新教育思潮在中国的影响日益广泛。五四运动前后，民主与科学成为新文化运动的两面旗帜，以蔡元培、

[1]《陈鹤琴全集》（第6卷），江苏教育出版社2008年版，第472页。

黄炎培、梁启超、郭秉文、张伯苓、范源廉、胡适、蒋梦麟、陶行知等为主要代表的新教育倡导者，提出个性化、平民化、实用化、科学化等教育主张。进步主义教育思想被中国教育界普遍接受，科学教育思潮盛行一时，继"壬子—癸丑学制"之后，新的一轮教育改革呼之欲出。当时，教育界人士有一个共识，就是要挽救中国积贫积弱的现状，"舍教育外也没有他道"。

1921年9月，美国著名教育家、比较教育学家、哥伦比亚大学师范学院教授保罗·孟禄应实际教育调查社的邀请，来华进行为期69日、历经9省的教育调查。这是继美国进步主义教育思想代表人物约翰·杜威之后，第二位来华开展教育活动的美国著名教育家。孟禄访华期间，陈鹤琴曾参与接待，并作为翻译与助手陪同孟禄北上考察。陶行知曾这样评价："此次博士来华，以科学的目光调查教育，以谋教育之改进，实为我国教育开一新纪元。"[1] 1921年12月21日，由实际教育调查社、新教育共进社、新教育杂志社合并改组的中华教育改进社正式成立，陶行知被推举为总干事。这是20世纪20年代中国教育家为谋求教育融入世界进步潮流所作努力的重要组成部分，也是中国教育改革运动的发端之一。

中华教育改进社成立伊始，为了解国内中、小学教育发展的状况，陆续在北京、德州、泰安、苏州、杭州、广州、汉口等大中城市展开大规模调查，普遍采用教育测验作为调查的方法与依据。1922年3月，陈鹤琴代表中华教育改进社，负责指导无锡县教育会开展教育调查。1923年8月间，中华教育改进社举办实施教育心理测验讲习会，由中外测验专家主讲，男女学员共295人，其中多为各省视学、教育局局长、学校校长和师范学院教育心理学教员。同年冬，在查良钊、德尔曼、廖世承、陈鹤琴等人组织下，东南大学、北京师范大学教育科师生，在北京、天津、上海、长沙等22个城市和11个乡镇，对小学

---

[1]《陶行知全集》（第1卷），四川教育出版社1991年版，第400页。

中华教育改进社旧址。

三年级至初中一年级学生进行调查，历时三个月。当时，在北京、江苏等地的中学和小学，教育测验和心理测验作为科学教育方法被广泛采用，许多中小学教师积极编制各种测验，并应用于日常教学过程。各地调查所得出的结果，被提交给各级教育行政当局，作为制定教育政策的依据。

在此期间，陈鹤琴曾打算出国继续攻读博士学位，为此，他向教育部和浙江省教育厅递交志愿书，郭秉文也呈文为他申请官费赴美留学名额，并作了各种努力，但未能如愿。遗憾之余，他并未气馁，继续开展各项工作。

在中华教育改进社的推动下，北京师范大学、北京大学、燕京大学、北京女子高等师范学校、东南大学等高校的教授和学生开始编制测验。中华教育改进社成立了心理教育测验委员会。在1923年8月举行的中华教育改进社第二次年会报告中所列举的42种测验，由陈鹤琴编制的默读测验、普通科学测验、科学测验和国语词汇测验等被冠以"陈氏测验法"，占其中6种。据《中华教育改进社第三次会务报告》记载，至1924年6月，该社编译出版了19种各类学校测验书籍，其中由陈鹤琴编写的中学、小学默读测验和常识测验书籍5种；报告还记载，正在编著之中的教育丛书30种，由陈鹤琴编著《智学测验》、《儿童心理》、《学务调查》3种。1924年7月间，在中华教育改进社第三届年会上，陈鹤琴与赵惠谟共同提出制定统一测验标准的提案，受到与会者重视，并作出决议，对测验标准制定、测验对象、测验方式和实施方法等作了相应安排。

在中华教育改进社历次年会中，教育调查始终是重要项目，其中的一个直接目的，是为即将参加万国教育会议的中国代表团编制全国教育统计资料，以"将本国情形报告于世界"。中华教育改进社将编印的17种教育丛刊，交由出席万国教育会议的中国代表分送各国代表，促进中国教育汇入世界现代教育潮流的进程。

陈鹤琴主持团体教育测验。

陈鹤琴在进行
个人智力测验。

　　1923年8月，中华教育改进社第二届年会在清华学校举行。在闭幕会后
又召开了中华平民教育促进总会成立大会，公推朱其慧、晏阳初分别为董事
长和总干事。在平民教育运动中，陶行知等人发起开展包括"辅导考试自学
法"和"连环教学法"等识字教育在内的教育试验，陈鹤琴与郑晓沧、陆志
韦、许养秋、廖世承等"南高师"和"东大"教授热烈响应并带头推广、普及，
陈鹤琴还动员自己65岁的母亲学习识字。

四 "中国现代儿童教育之父"

　　在中国现代教育史上，陈鹤琴被誉为"中国的福禄培尔"、"中国现代儿童教育之父"。他在国内最早运用观察实验的方法，系统地研究中国儿童的心理发展，并将心理学研究成果运用于儿童教育与家庭教育实践中，阐述儿童身心发展不同阶段智力、体力的特征、变化和施教原则。他提出，"儿童不是'小人'，儿童的心理与成人的心理不同，儿童时期不仅作为成人之预备，亦具他的本身的价值，我们应当尊敬儿童的人格，爱护他们的烂漫天真"，以及"儿童秉性好动"，必须予以适当的环境使其充分地发展，应利用儿童的好奇心教育儿童，"游戏是儿童的生命，游戏具有种种教育上的价值"等教育原则，从而形成与中国传统教育观念截然不同的现代儿童教育观。他的《儿童心理之研究》与《家庭教育》两部姊妹著作被认为是中国现代教育史上的力作；他于1923年在自己住宅开办的鼓楼幼稚园是我国最早的由中国人主办的幼儿教育实验中心；1927年，他与陶行知、张宗麟一道发起成立幼稚教育研究会，创办《幼稚教育》杂志，并在此基础上发展成为中华儿童教育社，成为当时国内规模最大的儿童教育团体；他与张宗麟共同提出的《我们的主张》，系统地提出了适合中国国情和幼儿特点的办园主张，从而建立起科学化的儿童教育理论与实践的完整体系，开中国现代儿童教育之先河。

陈鹤琴在妻子协助下将初生的儿子作为观察与实验对象。

研究儿童心理

1920年12月26日凌晨2时9分，陈鹤琴的长子在南京出生，大约2秒钟以后，婴儿哭声大作，大约延续了10分钟，婴儿的哭声变得时断时续，渐渐停歇。望着自己的"杰作"，初为人父的陈鹤琴来不及兴奋，他拿着照相机，镜头对着襁褓中已经熟睡的婴儿连连拍照，然后用钢笔在本子上记录下婴儿出生后的每一个反应。他在记录中说，儿子的哭声停止后，大约是疲倦了，便开始打呵欠，一连数次。他轻轻地伸手接触到儿子的身体。以下是他的一些记录：

......

（7）用手扇他的脸，他的皱眉肌就皱缩起来。

（8）用指触他的上唇，上唇就动。

（9）打喷嚏两次。

（10）眼睛闭着的时候，用灯光照他，他的眼皮就能皱缩。

（11）两腿向内弯曲如弓形。

（12）头颅是很软的，皮肤带红色，四肢能动。

（13）这一天除哭之外，完全是睡眠。[1]

---

[1]《陈鹤琴全集》（第1卷），江苏教育出版社2008年版，第54页。

到了第八天，这个名叫一鸣的小男孩已经会对着人们笑了。晚上喂好奶以后，他先是闭着眼睛，然后睁开眼睛。在他睡着的时候，小男孩的脸上露出笑、哭、皱眉、皱唇等各种神情。尽管时值严冬，窗外一片凋零，但陈鹤琴的心中却是春光一片，幸福无比。他知道，自己所要做的工作在中国尚无先例，他要带着自己的"杰作"去实现志向和理想。

在一鸣出生后的三年中，陈鹤琴作了长达808天的连续观察，并用文字和照片进行了详细记录。他将一鸣在各种场合、环境中通过表情、动作等反应表现出的生理、心理特征予以对比、研究。他的观察与实验，进行得既专心致志又情趣盎然。在妻子和母亲的协助下，他天天亲自给一鸣洗澡，记录一鸣在各种环境下的不同反应，分析、研究通过生理现象反映出的儿童心理变化。他将这些观察、实验结果分类记载，文字和照片积累了十余本。他的同窗郑晓沧和夫人常去陈宅走动，他很得意地将这些资料拿出来与好友分享。

到了一鸣稍大一些，陈鹤琴就抱着儿子来到教室亲自给学生们示范。一鸣长得又白又胖，在众人面前不怯生，又学步，也能够咿呀学语；当看到大人对他笑，他就跟着笑；大人教他说简单的话，他也跟着学；他的小手里拿着铅

1925年出版的陈鹤琴的著作——《儿童心理之研究》（上下卷）和《家庭教育》。

笔；走路的姿势也很逗人喜爱。陈鹤琴讲课时，经常举出许多生动实例，授课内容丰富有趣，课堂气氛活跃，学生们认为，这样的教学亲切而又实际。教育史学者评论，在中国，陈鹤琴是最早将观察实验方法运用于研究儿童身心发展规律之中的教育家。他所作的文字、摄影记录，将幼儿的动作、好奇心、模仿力、游戏、言语能力、记忆力、想象力和知识、能力、思维发展的特征予以归纳，作为第一手资料，成为他日后对儿童心理、儿童教育、儿童游戏和玩具、道德教育、家庭教育等进行研究、论述的重要佐证。教育家俞子夷这样描述陈鹤琴："他专功儿童心理，他不单单在书桌上研究，在沙发上讨论，他要试验，一切都要试验。"[1]

从1921年起，陈鹤琴在《新教育》、《教育汇刊》、《心理》等学术刊物上陆续发表了《儿童心理及教育儿童之方法》、《儿童的好问心与教育》、《我对儿童的惧怕心之研究》、《研究儿童知识之方法》、《儿童的暗示性》等文章。1924年，他将对一鸣成长过程的观察、记录编成《儿童研究纲要》，作为东南大学及江苏省立第一女子师范学校讲授儿童心理课的讲稿。1925年，他的专著《儿童心理之研究》（上、下册，"大学丛书"之一种）由商务印书馆印行，在这本被称为"中国儿童心理学开拓性著作"中，陈鹤琴采用了照相的方式记录初生婴儿的生理反应与动作，连同文字对儿童的成长规律进行了系统性研究。《儿童心理学史》称，在陈鹤琴以前，我国还没有一个心理学家对3岁以前的婴儿时期的儿童心理发展作过这样完整的追踪研究。[2]陈鹤琴认为，自己所采用的"直接观察法"比国外科学家使用的"问答法"更为直接、有效，他显得很有信心。他还希望"舶来"诸如录音、电影等更先进的手段，以提高研究的质量。

---

[1]《陈鹤琴全集》（第6卷），江苏教育出版社2008年版，第468页。
[2]朱智贤、林崇德：《儿童心理学史》，北京师范大学出版社2002年版，第546页。

在陈鹤琴的记录中,一鸣长到一岁半的时候开始喜欢上游戏了。

……

第504天

(206)非常喜欢骑马,在这个时期,无论什么可骑的东西(如桌腿、椅背、人腿、棒头等等)他都拿了当马骑。不但如此,他一听见"horse(马)"这个字的声音或"骑马"两个字的声音,就立刻把身子上下跳动做骑马的样子。

……

第525天

(213)没有怕羞的态度:今天他父亲带他到幼稚园里去玩,他看见别人唱歌、跳舞,后来他父亲怂恿他同别的儿童跳舞、唱歌,他就很高兴地去做,在这个时候他还没有怕羞的意思。

第534天

(217)模仿吐痰:今天他看见他父亲从露台上吐了一口痰下去,也就吐吐看。这里有几点我们应当注意的:第一,他吐痰的缘故是为要和他父亲表同情。第二,他并不知道吐痰是一件不合卫生的事情,恐怕他以为吐痰是好的。所以做父母的在子女面前,一举一动都要非常当心。好举动他固然学了,坏举动他们也要学的,这是因为年幼的儿童缺乏辨别能力的缘故。

……[1]

除了对自己的儿子进行观察和实验,陈鹤琴将与自己住在一起的两个侄儿也作为观察和实验的对象。他把每日侄儿们所问的问题记录下来,一共记录了270天,共357个问题。他专门准备了一个笔记本,侄儿们问一句,他就抄一句,就连吃晚饭时,他也照记不误。晚餐后,他与侄儿们一道读书阅报约

---

[1]《陈鹤琴全集》(第1卷),江苏教育出版社2008年版,第72页。

1921年陈鹤琴夫妇与母亲、侄儿及刚满月的儿子在南京鼓楼住宅前合影。

一个半小时, 侄儿们有问题, 他就随手记下。侄儿们问他: "小伯, 你记下来有什么用呢? "他笑而不答。时间长了, 侄儿们再提问题时, 他就采取凡是能回答的, 则详细解答; 凡是不能回答的, 就教孩子们去问他们的老师。陈鹤琴认为, 这样做可以使孩子们的好奇心得到满足, 同时也使他们的知识渐渐长进。

陈鹤琴通过对儿童生长过程中的一系列生理、行为、心理、情绪等变化的观察与研究, 掌握了大量第一手材料, 并对比动物与人类从胚胎期到生命期的特点, 吸收西方现代心理学中儿童学研究的科学成果, 试图从儿童生长发育各时期的特点, 将心理学研究成果应用于解决儿童教育的实际问题。这是陈鹤琴早期教育研究的重要特色之一。

其中"儿童期"与"儿童期的教育", 是陈鹤琴通过对儿童身体发育成长各阶段的身体特征与心理特征进行研究所作出的规律性总结。他认

为："人类的动作大概是靠后天的培养，人类的知识，完全是靠后天的学习"，因此，儿童期是可塑的，"人的儿童期实在是预备适应环境的重要时期"。[1]

在陈鹤琴看来，中国传统教育观念将儿童作为成人的附属，一举一动都要受到成人的管教与约束；在琅琅的读书声中，有意无意地抹杀了儿童的"游戏"天性，只能培养出许多穿着长衫的"小人"。

陈鹤琴写道：

（1）儿童不是"小人"，儿童的心理与成人的心理不同，儿童的时期不仅作为成人之预备，亦具他的本身的价值，我们应该尊重儿童的人格，爱护他们的烂漫天真。（2）儿童秉性好动，我们不要仍旧用消极的老法，来剥夺他的活泼天性，必须予以适当的环境，能使他充分地发展。（3）我们教育儿童，亦应当利用他的好奇心。好奇心为知识之门径，我们应当利导之。我们有些父母常常摧残这点好奇心，禁止儿童"多嘴"、"饶舌"，这实在令人痛恨之极。（4）游戏是儿童的生命，游戏具有种种教育上的价值，我们更加宜利用的，但是我们也要明白这个游戏是随年岁而变迁的。[2]

《家庭教育》

《家庭教育》是《儿童心理之研究》的姊妹篇，作为"东南大学教育科丛书"之一种，于1925年由商务印书馆印行。陶行知先生称赞此书"系近今中国

---

[1]《陈鹤琴全集》（第1卷），江苏教育出版社2008年版，第53页。

[2]《陈鹤琴全集》（第1卷），江苏教育出版社2008年版，第7页。

出版教育专书中最有价值之著作"，是"儿童幸福的源泉，也是父母幸福的源泉"。[1]教育家郑晓沧写道："我阅过之后，但觉珠玑满幅，美不胜收，有数处神乎其技，已臻乎艺术的范域。"[2]

若干年前，陈鹤琴读到了由德国牧师卡尔·威特写的一本自传，内容是关于他自己如何教育儿子成长为一名"少年天才"的。他的儿子小威特曾经是一个智弱的儿童，在他有计划的训练和教育之下，小威特小时候就能运用德语、法语、意大利语、拉丁语、英语和希腊语六种语言，并且通晓动物学、植物学、物理学、化学，尤其擅长数学。小威特10岁进入了哥廷根大学，14岁被授予哲学博士学位，16岁获得法律博士并任柏林大学教授。卡尔·威特用日志记录了教育儿子的过程，他的教育方法之一是经常带孩子到外面去接受新事物，开阔视野，增长见识。陈鹤琴读过这本自传之后，决意也写一部关于家庭教育的书。他根据自己研究儿童心理和对儿子一鸣所进行的连续观察、实验的心得、体验，从儿童心理出发，根据儿童的身心特点，总结出一系列教导儿童的原则。他写道：

> 我们知道幼稚期（自生至7岁）是人生最重要的一个时期，什么习惯、言语、技能、思想、态度、情绪都要在此时期打一个基础，若基础打得不稳固，那健全的人格就不容易形成了。[3]

自一鸣出生以后，陈鹤琴在进行观察、记录、实验的同时，即开始对其进行教育。当一鸣一岁零一个月的时候，陈鹤琴将儿子抱坐在自己身上，手把手教儿子握笔，让儿子在纸上随意画画；当一鸣稍大了一些，自己能坐在凳子上

---

[1]《陈鹤琴全集》（第2卷），江苏教育出版社2008年版，第508页。
[2]《陈鹤琴全集》（第2卷），江苏教育出版社2008年版，第511页。
[3]《陈鹤琴全集》（第2卷），江苏教育出版社2008年版，第512页。

了，父亲为他特制了桌椅，鼓励他在大纸上任意涂画；到一鸣3岁时，父亲就教他涂色，父亲在一旁不停启发，怎样将色涂得更好。每当一鸣作完一幅画，父亲总要问他画了什么，并将所得到的回答记在画的边上，然后注明日期，保存起来。陶行知说，一鸣可称是陈鹤琴的实验中心。

一鸣长到一岁十个月的时候，陈鹤琴与他一道在草地上玩，突然出现了一只个头很大的蟾蜍，一鸣一边举起手向后退，一边口中喊叫："咬！咬！"陈鹤琴走上前去用一根木棍轻轻地触动蟾蜍身体，轻轻地问道："蟾蜍，你好吗？"然后就将木棍递给一鸣。年幼的一鸣壮着胆子也试了试，蟾蜍将头缩起来，显然是害怕了。一鸣觉得很好玩。

一鸣两岁多时，妹妹秀霞出生。有一天，陈鹤琴要给秀霞照相，一鸣却捷足先登坐在了原本给秀霞准备的摇椅中，要父亲先给自己拍照，父亲再三让他先下来将摇椅让给妹妹，一鸣不肯。父亲笑眯眯地说："一鸣！你听着！我叫一，二，三。我叫'三'的时候，你就爬出来，爬得越快越好！"一鸣欣然同意，很快就从摇椅中跳了下来。

有一天，外面乌云密布、雷电交加，陈鹤琴与妻子一道抱着一鸣来到阳台上，他指着闪电对一鸣说："你看！你看！"一鸣也用手指向闪电，满脸快乐神情，毫不惧怕。一鸣稍大一些，只要一打雷，陈鹤琴就带着一鸣再去"欣赏"，他指着云对一鸣说："这里像一座山，那里像一只狗，这是狗的尾巴，那是狗的耳朵。"他又指着闪电对一鸣说，"这闪电像一条带，多么好看！"

一鸣一岁半以前，吃饭都是由母亲喂，此后便逐渐开始自己吃；两岁半以后，父母教他用筷子吃，并特意定制了一张高脚座椅桌。每次吃饭前，他们要给一鸣系上围布，以免汤汁溅在衣服上，时间长了，每到吃饭前，一鸣自己就将围布系好。

平日里，一鸣洗脸都是用自己的小毛巾，每次洗完脸后，父母就要教他把毛巾挂好，并帮他清洁眼睛、鼻孔、耳朵，因为儿童自己并不懂得清洁的重要

1928年陈鹤琴夫妇与子女合影。

性。此外，儿童在穿衣、洗脸、刷牙之前，不宜吃东西。

陈鹤琴认为，教育儿童，首先需要了解儿童的心理，他将儿童的心理归纳为"七性"：

□小孩子是好游戏的；

□小孩子是好模仿的；

□小孩子是好奇的；

□小孩子是喜欢成功的；

□小孩子是喜欢野外生活的；

□小孩子是喜欢合群的；

□小孩子是喜欢称赞的。

陈鹤琴以自己的观察、实验结果和亲身经历、体会为例，将儿童自出生开始的生活的各个细节——列举并进行分析，提出了相对应的101条教导原则：

原则一：对于教育小孩子，做父母的最好用积极的暗示，不要用消极的命令。

原则二：积极的鼓励比消极的刺激好得多。

原则三：小孩子既好模仿，做父母的一方面要以身作则，一方面还要替他选择环境以支配他的模仿。

原则四：做父母的不可常常用命令式的语气去指挥他们的小孩子。

……

原则八：待小孩子不要姑息也不要严厉。

……

原则十：做父亲的应当同小孩子做伴侣。

原则十一：游戏式的教育法。

……

在教育子女问题上，陈鹤琴主张，父母在教育孩子时态度要保持一致。他提倡，教养孩子，应该父亲母亲同样负责。严父慈母在中国家庭里十分普遍，但在孩子面前，父母采取的态度不一致，往往会使孩子感到"无所适从"。在教育子女的方法上，陈鹤琴不赞成"棍棒下面出孝子"或"溺爱放纵"，他最反对大人打孩子。他告诫年轻父母说："年轻的父母，你不要打孩子。倘若要打的话，你还是先打自己。"他的理由是："小孩子生来都是好的，即使不好，是父母影响他的，不是他的过失。"[1] 同时他也反对娇惯、纵容孩子，尤其是家长替孩子撒谎。他指出："所以要小孩子诚实，做父母的自己先要诚实，自己不诚实，小孩子断断不会诚实的。"

他很少严厉批评孩子，尽量不刺伤孩子的自尊心，他主张积极的暗示胜于消极的命令。一鸣小的时候拿着破烂的棉絮当毡毯玩，父亲没有立即阻止

---

[1]《陈鹤琴全集》（第2卷），江苏教育出版社2008年版，第668页。

他，因为他认为这是孩子获得经验的一种方法。他对一鸣说："这是很脏有气味的，我想你一定不要，你要一块干净的，可以到房里问妈妈要一块干净的。"一鸣听后，就跑到房间里去换了一块干净的毯子。陈鹤琴认为，要用语言来激励孩子，使他们感觉自己是主动的，这样他们会很高兴地去做某件事情。当他的子女有谁做错了事情，他往往会朝孩子笑一笑，孩子知错了，马上就去改正。他的女儿小时候皮肤晒得很黑，有时被班上的同学取笑，他却给女儿取了一个很好听的名字——"黑美人"。他对女儿说："黑怕什么？黑才健康！"

陈鹤琴强调，做父母的要以身作则。小孩子常常听见家庭里骂人的声音，他就会不知不觉地也骂人，尽管他并不知道骂人是好是坏，他看见大人这样做，就会仿效之；小孩子看见大人随地吐痰，他也会养成同样的习惯，尽管他并不知晓随地吐痰有什么坏处，他看见大人这样做，就会仿效之。反过来说，如果小孩子生活的环境很优美，他听见很好的音乐，会不知不觉地歌唱起来；他看见美丽的图画，就会拿起笔来画画；他看见别人谈吐文雅，走路轻快，他也会学着别人的样子。他认为，榜样的力量太大了。年龄小的孩子善恶观念薄弱，普通知识肤浅，成人的一举一动都会对孩子产生影响。平日里，陈鹤琴一贯早起，在他的带动下，全家人没有赖床睡懒觉的。

环境的影响对儿童的成长与身心健康至关重要。在陈鹤琴看来，儿童应有良好的环境。他认为："小孩子生来大概都是好的。到了后来，或者是好，或者变坏，这是环境的关系。环境好，小孩子就容易变好，环境坏，小孩子就容易变坏。"[1]在儿童成长方面，父母的影响比任何影响来得都大，因为大人的作为，可以直接影响小孩子的行为，他看了以后就可以模仿。如果父母喜欢喝酒，小孩子大概也喜欢喝酒；父母喜欢吸烟，小孩子大概也会喜欢吸烟；父母说话吞吞吐吐，或者有条有理、清清楚楚，小孩子说话也会不知不

[1]《陈鹤琴全集》（第2卷），江苏教育出版社2008年版，第636页。

觉地像他的父母一样。因此,陈鹤琴将"以身作则"称为"做父母教养子女的第一条原则"。

有一次,陈鹤琴从普陀回上海,船上的环境很恶劣,赌博、吸鸦片,一片乌烟瘴气。他遇见一个小茶房,看上去很聪明伶俐,却在一旁抽烟。他打听后得知,小茶房只有16岁。他对小茶房说:"香烟是有毒的,你这样小小年纪,怎么可以吃呢?"小茶房没有理睬,也没作声就转身离去;过了一会儿,他又看见这个小茶房在搓麻将。陈鹤琴不禁摇摇头,在这样的环境中,再玲珑可爱的儿童也都很快就被同化了。陈鹤琴一生不抽烟、不嗜酒,对于赌博深恶痛绝,他也不允许家人沾染任何赌博的陋习。这一幕情景深深留在他的记忆中。

陈鹤琴建议年轻父母们,要重视孩子的健康与发育,包括:(1)心理的健康与发育,做父母的必须了解孩子的心理是怎样发展的;(2)生理的健康与发育,做父母的必须晓得孩子的身体是怎样的状态;(3)服务的习惯,教育孩子不自私、帮助别人、守秩序。同时,要重视父母自身素质的提高。如果父母的修养、习惯好,儿童受到良好的家庭教育,再加上学校教育,自然就相得益彰。相反,父母的修养、习惯不好,那么儿童在进学校之前,无形之中早已养成不良的习惯,学校教育就算很好,也就收效甚微了。

父母要为儿童营造良好的成长环境:

☐ 游戏的环境;

☐ 劳动的环境;

☐ 科学的环境;

☐ 艺术的环境;

☐ 阅读的环境。

在教育儿童方面,陈鹤琴的基本主张是:

☐ 要从小教起;

☐ 开始要教得好;

□ 注重游戏；

□ 代替法；

□ 鼓励法；

□ 注重自动。

在教育方式方面，陈鹤琴主张，小孩子必须养成服从的习惯，这习惯应由父母慢慢训练起来。他认为，儿童有了服从的习惯，才可以适应社会的生活。他对服从的解释是："保护小孩子增进自动的能力，做有益的活动。"[1]他提出一条教导原则：做父亲的应当同小孩子做伴侣，既增进父亲与子女之间的感情，又有利于训育。一鸣稍大一些，他就常常带着儿子到外面散步，有时也去街上买东西，或去郊游，只要一有空闲，他就与儿子为伴。他觉得这样才是天伦之乐，父子之间的感情也才能更浓厚。

在教育内容方面，陈鹤琴提出，父母应该训练儿童具有爱人的精神。因为"小时候如有爱人的精神，将来才能够爱社会、爱国家"[2]。他强调："小孩子不是父母的附属品，乃是国家未来的主人。小孩子教得好，不独父母得到幸福，国家也可得到人才。所以做父母的，为自己着想，为国家民族着想，都该留心怎样教小孩子的方法，来教育好自己的子女。"[3]

自1925年《家庭教育》首次出版后，八十多年间曾十数次再版，其间，将陈鹤琴于20世纪三四十年代发表的《怎样做父母》、《怎样教小孩》等文章、讲座内容收录、补充，至今已累计印行多达数十万册，受到各界读者的广泛欢迎，成为中国现代教育史上的经典。

---

[1]《陈鹤琴全集》（第2卷），江苏教育出版社2008年版，第660页。
[2]《陈鹤琴全集》（第2卷），江苏教育出版社2008年版，第661页。
[3]《陈鹤琴全集》（第2卷），江苏教育出版社2008年版，第662页。

鼓楼幼稚园

　　1923年秋天，陈鹤琴在南京鼓楼头条巷25号自己新建住宅的客厅里开办了一所家庭幼稚园，亲任园长，并聘请了在东南大学附中任音乐教师的甘梦丹女士为教师，另一位在"东大"担任幼儿教育课程的讲师、刚要回国休假的美国女教师卢爱琳女士受聘来园担任指导员。最初招收的12名幼儿，主要

1923年秋天陈鹤琴在自己住宅客厅开办了一所家庭幼稚园——鼓楼幼稚园。

鼓楼幼稚园部分董事及其夫人合影（左起：刘崇本夫妇、涂羽卿夫妇、陆志韦夫妇、董任坚夫妇、陈鹤琴夫妇）。

是"东大"教授陆志韦、徐养秋和陈鹤琴三家的孩子，以及两名日本儿童。在筹备过程中，陈鹤琴从设备、教具到教材、教法，都精心设计与研究，几乎到了废寝忘食的程度。一年多以后，园里的儿童逐渐增加，园舍需要扩大，他又开始四处奔波，希望得到朋友与社会的支持。他邀请了涂羽卿、陆志韦、董任坚、刘崇本、张子高和甘梦丹等友人，组成董事会，发起募捐筹建园舍，在自家住宅附近购买了五亩土地，除建园舍外，还利用空地开设游戏场、小花园、小菜地、小动物园。他亲自参与设计，布置园地，种植草坪、花卉，四周栽种冬青树。园内还添置了运动器具，如秋千、摇船、摇马、大小积木、沙盘等，又定做课桌椅。1925年秋天，鼓楼幼稚园新园舍建成，定名为东南大学教育科实验幼稚园，同时得到了中华教育改进社的支持。"东大"教育科派研究员张宗麟协助陈鹤琴工作。这是我国第一所由中国人自己开办的实验幼稚园。

鼓楼幼稚园大门。

鼓楼幼稚园校舍。

陈鹤琴作为教育家，一直希望建立自己的实验园地，以实践、检验自己的研究成果和教育主张，为发展中国的儿童教育、普及幼稚园积累经验。在国外，儿童研究都有特设的实验场所，幼稚园就是研究学龄前儿童的场所。他的计划包括：继续进行各种试验；与东南大学合作开展儿童教育的研究；根据社会需要，试验小学与幼稚园之间的衔接；建立幼稚师范学校。

陈鹤琴为自己订下了三大计划：建筑中国化的幼稚园园舍；改造西洋的玩具使之中国化；创造中国幼稚园的全部活动。当时，他抱定的主张是：（一）在原则方面：（1）幼稚园的教育，是要适合国情的；（2）幼稚园应当有充分而适当的设备；（3）幼稚园的教师应当是儿童的朋友。（二）在课程方面：（1）幼稚园的课程要用自然、社会为中心，凡是儿童能够学而又应当学的，都应该教他；（2）幼稚园应当有种种标准，可以随时考察儿童的成绩。（三）在教学方面：（1）要注意儿童的健康；（2）要使儿童养成良好的习惯；（3）要特别注重音乐教育；（4）多采用小团体的教学法；（5）要采用游戏方式的教学法去教导儿童。[1]

陈鹤琴、张宗麟与其他几位教师白天与孩子们在一起，他们有时与儿童一起奔跑、玩耍；有时带着儿童到附近的田野、公园、街道上开阔眼界。随着钟声响起，儿童都回到屋子里去做室内游戏。下午儿童们被家长接走以后，陈鹤琴与教师们一起总结、整理全天进行的观察、试验，搜集材料，经常工作至夜晚。

晚上，他们常常一起散步，谈论着白天的各种工作，有时还会就某项实验工作的准确性、某种玩具的改良或某个孩子的表现进行热烈讨论。到了冬天，外面又阴又冷，陈鹤琴与同事们一起围着火炉畅谈至更深夜阑。张宗麟回忆当年的情形："虽然那时候，门外寒风凛冽，冰雪满途，但是一个内心充

---

[1]《陈鹤琴全集》（第2卷），江苏教育出版社2008年版，第238页。

满工作快慰的人，对此反而生出无穷的快慰。"[1]

鼓楼幼稚园进行的试验包括四部分：（1）幼稚园的课程与教材。采取设计组织和单元教学，根据实际生活与自然节气、景物来安排课程，丰富儿童的直接经验。（2）幼稚园的教学法。采用游戏、故事图画、歌谣表演、自述、教科书等教学形式，随地施教；同时，以自然为中心编制课程，用讲故事、做游戏、采集和制作标本、野外写生、手工等多种形式，使儿童的学习生活生动有趣。（3）儿童习惯。（4）设备与儿童玩具。他与张宗麟、俞选清一道拟定了《幼稚生应有的习惯和技能表》，包括卫生习惯、做人的习惯（个人）、做人

鼓楼幼稚园师生和家长合影。

[1]《陈鹤琴全集》（第6卷），江苏教育出版社2008年版，第474页。

的习惯（社会性）、生活的技能、游戏运动的技能、表达思想的技能、日用的常识，共计185项。

陈鹤琴指出："儿童、教材和教师是教育上的三大要素。三者的关系，儿童是主体，教师度量儿童的个性与能力，用种种最适宜的方法，把教材介绍给儿童。"[1]他将幼稚教育目标概括为四个方面：（1）做怎样的人；（2）应该有怎样的身体；（3）应该怎样开发儿童的智力；（4）怎样培养情绪。

儿童们在剪贴、串珠子。

在道德方面，他主张儿童应该从小培养合作的精神、同情心和服务的精神。在身体方面，要训练儿童养成各种达到强健体格目的的习惯，包括健康的体格、卫生的习惯、运动的技能。他不赞成阻止儿童出门去玩，弄得儿童像"半

儿童们在学织衣服。

[1]《陈鹤琴全集》（第2卷），江苏教育出版社2008年版，第16页。

截子"木偶的中国传统家庭教育观念。他认为，幼稚园应该训练儿童掌握游戏与运动技能，这同时又培养了他们的勇敢精神。在开发儿童智力方面，他提出，要有研究的态度，要有充分的知识，要有表意的能力。他对流行一时的蒙台梭利教学方法不以为然，他认为幼稚园的课程并不仅是训练儿童的感觉，而是要培养儿童感觉敏锐，同时要培养其具有丰富的知识、经验与想象力。在培养情绪方面，他提出了三项：（1）欣赏；（2）快乐；（3）打消惧怕。

陈鹤琴提出"整个教学法"，即将各科功课打成一片，所用教材或故事尽量以社会和自然的材料，并以儿童的生活、儿童的心理为根据，以使儿童整个地、系统地了解和掌握所应该学习的知识。此外，他对儿童绘画、音乐、游戏、读法、故事，以及幼稚园的设备等各方面都做了大量的深入研究。

他认为"教育应当随时势而改变"。他对全球性幼稚教育发展趋势进行了概括：

陈鹤琴为孩子们设计的深受孩子们喜爱的摇马、摇船。

- ☐ 注重自由活动的新趋势；
- ☐ 注重户外活动的新趋势；
- ☐ 厘定课程的新趋势；
- ☐ 规定标准的新趋势；
- ☐ 研究幼稚生心理的新趋势；
- ☐ 幼稚园与一年级之联络；
- ☐ 蒙养园的运动。[1]

1928年5月，全国教育会议召开。受国家教育行政机构大学院聘请，陈鹤琴、郑晓沧、张宗麟等参与起草中小学课程标准。由陈鹤琴和胡书异负责，聘请专家11人，共同草拟幼稚园课程标准。经过试验和广泛征求意见，该标准以南京鼓楼幼稚园实施的《幼稚园课程暂行标准》为蓝本，将幼稚教育的总目标确定为：（1）增进幼稚儿童应有的快乐与幸福；（2）培养人生基本的优良习惯（包括身体行为等各方面的习惯）；（3）协助家庭教养幼稚儿童，并谋家庭教育的改进。这一标准于1929年8月经教育部审查通过，并由国民政府于1932年10月正式公布，在全国范围内正式推行。

二十年后，陈鹤琴的学生向老师提出疑问："这种花园式的幼稚园能在全国广大农村行得通吗？"陈鹤琴回答道："我们办幼儿教育就是要大田种麦，让全国城乡幼儿都能受到科学的启蒙教育。但你知道大田种麦需要麦种，这麦种从哪里来呢？当然也可以向外国去买，但从外国买来的麦种能适应中国的土壤和气候吗？我办鼓楼幼稚园就是要为大田提供中国麦种这个目的。"

---

[1]《陈鹤琴全集》（第2卷），江苏教育出版社2008年版，第98页。

我们的主张

自19世纪下半叶，由外国传教士开办的育婴堂、幼稚园陆续在中国一些大中城市出现。1903年秋天，中国近代第一所官办幼稚园在武昌阅马场建立。幼稚园选聘3名日本保姆，采用日本式方法教学，首批招收5至6岁女童80名，学期1年；以后又续招4岁左右的幼童，学期为2年。幼稚园以班级形式实施保教，重养不重学，旨在培养小儿智能，开导事理，涵养德行，以备小学堂之基础。

在陈鹤琴办鼓楼幼稚园之前，中国大多数幼稚园为外国传教士所办；少数中国人办的幼稚园大都采用欧洲的教育模式，宗教色彩浓厚，僵化而不思改进。中国幼儿教育的三种大病，即"外国病"、"花钱病"、"富贵病"使陶行知、陈鹤琴等新教育的倡导者们深有感慨。1924年《新教育》杂志第八卷第二期发表了陈鹤琴的文章《现今幼稚教育之弊病》，痛陈中国幼稚教育的封闭、停滞、落后现状，大声疾呼革除流弊，实行改革。

文章开篇，陈鹤琴指出："我们中国的幼稚园大抵是抄袭外人的，而外人的幼稚园已时有改进，但是我们还墨守成规，不知改良，以至陈旧腐败不堪闻问了。"[1]他总结了中国普通幼稚园的四种弊病：（1）与环境接触的太少，在游戏室的时间太多；（2）功课太简单；（3）团体动作太多；（4）没有具体的目标。在许多幼稚园，儿童在大多数时间里都被关在室内，偶尔教师带儿童到街上去，也只是转转而已。在幼稚园的游戏室，儿童在游戏时，经常相

---

[1]《陈鹤琴全集》（第2卷），江苏教育出版社2008年版，第1页。

互挤撞。他指出："现在幼稚园的弊病，并不在乎没有房间可以游戏，而在乎没有与环境和社会相接触的机会。"他称这种幼稚园是"幼稚监狱"。[1]

"我们办幼稚园究竟为什么？我们教育儿童究竟要教养到什么地步？什么技能什么习惯儿童应当养成的？什么知识什么做人的态度儿童应当学得的？"如果不明确这些问题，幼稚园就不会有成效，儿童也不会有进步。[2] 显然，陈鹤琴并不满足于蒙氏教学法过重依赖玩具、生理感官的训化作用，也不赞成将儿童局限在狭小空间的教学方法，而主张儿童从大自然、大社会中汲取营养，丰富人生经验，促进身心发展。他强调，"幼稚园第一条注意的是儿童的健康"，并提出"幼稚园要使儿童养成良好的习惯"、"幼稚园应当特别注重音乐"、"应当采取游戏式的教法"和"幼稚生的户外生活要多"等主张，倡导将幼稚园教育与家庭教育、小学教育连为一体，形成完整的儿童期教育过程。

1925年10月，陈鹤琴的助手张宗麟在南京、苏州、杭州、绍兴、宁波五地考察幼稚园。他在《调查江浙幼稚教育后的感想》中写道：

吾国新式教育—— 学校教育 —— 皆仿自外国，此尽人所公认者也。幼稚教育之来华，尤为近十数年间事，故一切设备教法抄袭西洋成法，亦势所难免。于是所有幼稚教师，非宗法福禄贝尔必传述蒙台梭利。两派虽时有入主出奴之争，然而其不切中华民族性，不合中国国情，而不能使中国儿童适应则一也。[3]

沿途的所见所闻，使张宗麟不禁觉得情形十分严重。几年前，陈鹤琴在

[1]《陈鹤琴全集》（第2卷），江苏教育出版社2008年版，第2页。
[2]《陈鹤琴全集》（第2卷），江苏教育出版社2008年版，第3页。
[3]《陈鹤琴全集》（第2卷），江苏教育出版社2008年版，第85页。

吃东西前要洗手。

到塘边捞蝌蚪。

"南高师"和"东大"儿童心理学班上授课时对于中国幼稚教育外国化严重现象的批评犹然在耳。他看到，各地由教会办的幼稚园和小学比比皆是，无论是玩具、音乐、放假日和学校的设备、布置、教法等一律仿效国外。当问到为何不用国产玩具时，回答者很明确地说："外国货好。中国的不能用。"在一所幼稚园，张宗麟所听到的大多是外国歌曲或教堂里的赞美诗。有一位朋友告诉他，在南京有一所幼稚园，儿童听到中国国歌不起立，却在日本战胜中国的战歌奏响后拍手示贺。一些幼稚园和小学，逢中国传统节日不放假，学生们只能过圣诞节。还有一所学校，黑板上方挂着一面小国旗，旁边写着"上帝爱护我们"。教师讲课，虽然先讲中华民国国旗，却一带而过；然后就大讲特讲上帝，接着又让学生唱赞美诗。张宗麟不禁感慨："如此教法，尽忠于基

乘船到燕子矶去。

督教,可为至矣尽矣,无以加矣,其如中国何?"[1]

　　1927年,陈鹤琴与张宗麟联名发表了《我们的主张》一文,其中的15条主张明确提出了中国幼稚教育要走民族化、科学化的道路,从而被评价为中国现代儿童教育的纲领性文件。

　　其主要内容是:(1)幼稚园是要适应国情的;(2)儿童教育是幼稚园与家庭共同的责任;(3)凡儿童能够学的而又应当学的,我们都应该教他;(4)幼稚园的课程当以自然、社会为中心;(5)幼稚园的课程需预先拟定,但临时可有变更;(6)幼稚园第一要注意的是儿童的健康;(7)幼稚园要使儿童养成良好的习惯;(8)幼稚园应当特别重视音乐;(9)幼稚园应当有充分而适当的设备;(10)幼稚园应当采取游戏式的

_____

[1]《陈鹤琴全集》(第2卷),江苏教育出版社2008年版,第89页。

教学法去教导儿童；（11）幼稚生的户外生活要丰富；（12）幼稚园宜采用小团体的教学法；（13）幼稚园的教师应当是儿童的朋友；（14）幼稚园的教师应当有充分的训练；（15）幼稚园应当有种种标准可以随时考查儿童的成绩。[1]

晓庄，晓庄

1927年3月15日，试验乡村师范学校在南京神策门外燕子矶附近一处叫小庄的村庄开学，村庄背靠老山，有十多户人家。据说，陶行知一眼便看中这个地方，或许是由于这里浓郁的乡土气息和清新的空气、宜人的景色，使决心"为中国教育找条生路"的陶行知将新办学校的校址选在这里。于是他将老山改为"劳山"，小庄改称"晓庄"，意思是："在劳力上劳心，中国的教育必将破晓，从这里放出曙光。"

陈鹤琴记述：

我还记得，晓庄开学那一天的情形，几百个学生、上千个乡下男女老百姓在一个空旷的黄泥地上，举行开学典礼。陶先生指着蔚蓝的青天作为学校的天花板，踏着金黄色的泥土作为学校的地板，向着同学、老百姓报告筹备经过、办学宗旨、教学方式、将来计划，我听了几乎被感动得流下泪来……[2]

试验乡村师范学校开学后，应陶行知邀请，赵叔愚担任第一院（小学师

[1]《陈鹤琴全集》（第2卷），江苏教育出版社2008年版，第75页。
[2]《陈鹤琴全集》（第6卷），江苏教育出版社2008年版，第304页。

范院）院长，陈鹤琴担任晓庄试验乡村师范学校指导员兼第二院（幼稚师范院）院长。一个月前，陈鹤琴、陶行知、张宗麟共同发起成立幼稚教育研究会，他们共同主张，幼稚园不应成为富贵人家的专利品，而应为全社会服务，尤其要为广大乡村和女工集中地区服务，同时要改变训练教师的方法。

11月11日，在陈鹤琴的指导和参与、支持下，由张宗麟具体负责，徐世璧等协助，中国第一个乡村幼稚园——燕子矶中心幼稚园开学。幼稚园招收附近3岁至6岁幼儿，实行"来者不拒"，"不来者送上门去"的免费教育方针，不收任何学杂费。办园经费由陶行知多方筹集。幼稚园的日程安排和作息时间，根据农村的生活习惯和季节性强等特点，实行全日制，尽可能办"整天整年的幼稚园"。

在开学典礼上，陶行知发表了热情洋溢的讲话：

中国最早的乡村幼稚园 —— 燕子矶幼稚园。

第一次我觉得乡村里有设立幼稚园的必要，是宋调公君告诉我：农忙时往往有母亲一只手抱着小孩子，一只手拿着凳子，到学校里来托先生给她看管。她只求先生守着小孩子不给她走开，她就感激不尽了。又一次看见一位母亲在田中做事，对面地下放了一个筐子，里面坐着一个小孩子，这孩子便是她的儿子。又一次我遇了一个小学生，我问他为什么不进学校，他说现在田里很忙，他要帮妈妈带小妹妹。受了这三次感触，我便想创办乡村幼稚园。[1]

继燕子矶幼稚园之后，"晓庄"又成立几所乡村幼稚园，按陶行知的设想，要在三年内开办10所中心小学和10所幼稚园。陈鹤琴担负规划、指导教学工作，同时还要筹款。他与陶行知志同道合，要改变当时中国幼稚教育所存在的三大弊病——"外国病"、"花钱病"和"富贵病"，把外国的幼稚园化成中国的幼稚园，把费钱的幼稚园化成省钱的幼稚园，把富贵的幼稚园化成平民的幼稚园。

陶行知和陈鹤琴等在燕子矶中心幼稚园将解决师资问题作为试验的重点，试图找寻培养师资的合理途径。他们在该园采用"徒弟制"方法，由中心幼稚园培养"徒弟"作为乡村幼稚园的师资，教学做合一，不用更多花费。照此方法，也可通过办乡村夫妻学校的方法实现普及教育的目的，即由小学教师办乡村小学，其妻子办幼稚园。陶行知的目标是，要使全国个个乡村都有一个幼稚园。为此，"晓庄"设立了"幼稚园指导部"，专门负责指导推广乡村幼稚园计划，组织师生和幼稚园实施教学做活动。陈鹤琴对陶行知的设想和计划极为赞成，他一方面予以全力支持、配合，另一方面积极参与。有两位来自贵州的学生孙铭勋、戴自俺向陶行知请教：男士能否从事幼稚教育？他们有些犹疑。当时陈鹤琴正巧也在场，陶行知对他们说：你们的院长陈先生不

---

[1]《陶行知全集》(第2卷)，四川教育出版社1991年版，第376页。

就是一位男士吗? 他是幼稚教育专家。陈鹤琴欣然将自己的著作《儿童心理之研究》和《家庭教育》送给了两位淳朴的年轻人。

在此期间，陈鹤琴担任南京市教育局学校教育课课长，他曾带领校长们来到试验乡村师范学校及所属小学、幼稚园观摩，陶行知在欢迎会上作了介绍报告，强调了教育革命的重要性。陈鹤琴与张宗麟将正在进行的教学试验从鼓楼幼稚园扩大至燕子矶中心幼稚园和晓庄幼稚园，他们发表了《幼稚园的课程》、《幼稚园的读法》、《幼稚园的故事》、《幼稚园的设备》等论著，并将他们的研究、实验心得陆续发表在《幼稚教育》丛刊和《儿童教育》月刊上。

1928年1月，试验乡村师范学校、燕子矶小学、尧化门小学、晓庄小学、鼓楼幼稚园、燕子矶幼稚园联合招收"艺友制"师资，第一位来自晓庄的"艺友"陆静霞被安排在鼓楼幼稚园实习。陶行知记载："我和陈鹤琴先生近来有一次很畅快的谈话。他主张拿鼓楼幼稚园来试一试。鼓楼幼稚园是最富研究性的，现在发了宏愿，要招收徒弟来做推广幼稚师资之试验，是再好没有的了。"[1]

1928年5月，由国民政府大学院院长蔡元培主持的全国教育会议召开，陶行知和陈鹤琴分别提交关于注重幼稚教育的提案，提出"各省各县各市实验小学及师范附属小学应设立幼稚园"，"研究创造平民的省钱的适合国情的幼稚园"和"开设幼稚师范学校"、"添置幼稚师范科"等培训师资的建议。

[1]《陶行知全集》(第1卷)，四川教育出版社1991年版，第138页。

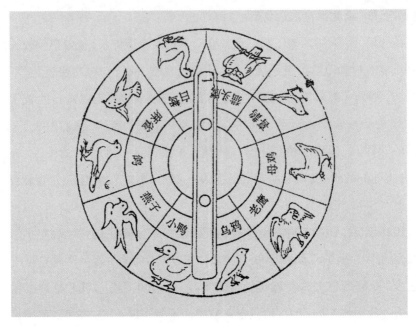

陈鹤琴利用民间制作糖人转盘改造成为识物识字转盘。

中华儿童教育社

(一)

来!来!来!

来到小孩子的队伍里,

发现你的小孩。

你不能教导小孩,

除非是发现了你的小孩。

（二）

来！来！来！

来到小孩子的队伍里，

了解你的小孩。

你不能教导小孩，

除非是了解了你的小孩。

（三）

来！来！来！

来到小孩子的队伍里，

解放你的小孩。

你不能教导小孩，

除非是解放你的小孩。

（四）

来！来！来！

来到小孩子的队伍里，

信仰你的小孩。

你不能教导小孩，

除非是信仰你的小孩。

来！来！来！

来到小孩子的队伍里，

变成一个小孩。

你不能教导小孩，

除非是变成了一个小孩。[1]

这首《教师歌》是陶行知应陈鹤琴之请为中华儿童教育社写的社歌，歌词内容表达了热爱儿童、尊重儿童价值、相信儿童创造力和以儿童为中心的儿童观与教育观。

1929年7月，中华儿童教育社在杭州成立，其前身为由陈鹤琴、陶行知、张宗麟等人于1927年在南京发起成立的幼稚教育研究会。当时该会会员主要来自南京的小学、幼稚园和师范学校，不过十多人，团体会员仅三个，出版有《幼稚教育》刊物。不久后，在陈鹤琴主持下的南京五所市立实验学校和两

中华儿童教育社成立大会代表合影。

[1]《陈鹤琴全集》（第6卷），江苏教育出版社2008年版，第263页。

所省立实验小学也加入成为会员。当时，南京市各幼稚园教师大都参加该会组织的教学活动，每两周开会一次，讨论下两周的课程大纲，以及过去两周所发生的困难问题。每次活动由各幼稚园轮流主办，并邀请自然、社会等各科专家参加。陈鹤琴在《幼稚教育》发刊词中提出的口号是：推敲切磋，真理才出；科学进步，端在合作。

中华儿童教育社在其章程中规定：本社任务集中在全国研究及从事儿童教育之团体及个人进行有关儿童教育之各项工作，包括：研究问题、实验方案、提倡风气、建议政府、编译书籍、流通书报、协助社友、辅导教师、采访资料、联络研究。

中华儿童教育社的总目标为：（1）研究儿童教育；（2）推进儿童福利；（3）提倡教师专业精神。起初，参加该社的个人会员47人，团体会员22个。大会选出执行委员9人，陈鹤琴被公推为大会主席。至1947年，该社已是具有40多个团体会员，个人会员逾4000人的全国最大的儿童教育组织和研究中心，并加入了国际新教育同盟和世界教育专业组织。作为国内规模最大、人数最多的教育学术团体，该社与中华职业教育社、中国社会教育社、中国测验学会、中国儿童福利协会等团体同为中国教育学术团体联合会的成员。由该社出版发行的《儿童教育》[1]月刊是当时国内最具权威性、影响广泛的教育学术刊物之一。

陈鹤琴对中华儿童教育社的前景充满憧憬与期待，对于发起组织这个团体的动机，他不无自信地写道："为什么要组织中华教育社呢？简单的回答，就是为整个中华儿童谋幸福。我们的态度，注重研究方面，研究的对象，完全是天真烂漫的小孩子，所以我们这个社团，实有永久存在的可能。"[2]他希望更多学校、幼稚园、个人能够成为这一国内最大儿童教育团体的成员，

---

[1]原名《幼稚教育》，从第三期改名《儿童教育》。
[2]《陈鹤琴全集》（第6卷），江苏教育出版社2008年版，第259页。

在更大范围内开展研究与实验,以使儿童教育研究在国内广泛开展起来,并成为国际教育发展进程的组成部分。在他的设想中,中华儿童教育社应该成为国内研究儿童教育的中心,具有儿童教育实验、儿童教育辅导、儿童图书馆和儿童书籍日用品代办部等功能。因经济拮据,陈鹤琴一方面竭力争取当局和各教育机构的资助或提供帮助,另一方面想方设法多方筹募资金。他很恳切地说:"我们知道,一根木头是不能够造屋子的,一根蒿子也不能够驾船的,一定要群策群力,才可以成功一种事业,所以要唤起社会的同情,征求合作。"他向全社会大声呼吁,"儿童教育是建树国家的基本教育,我们要以全力发展儿童教育,这是十分重要的!目前我们的力量有限,希望对我们表同情的人,帮助我们,使我们对儿童教育的事业得以顺利地进行。这不独是中华儿童的幸福,也是国家的幸福啊!"[1]

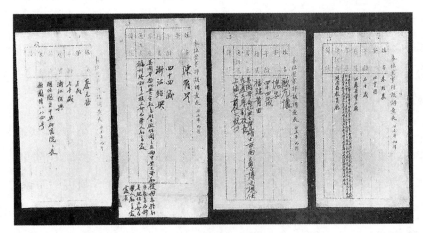

中华职业教育社部分董事和评议员的登记表。左一为蔡元培的登记表,左二为陈鹤琴的登记表。

---

[1]《陈鹤琴全集》(第6卷),江苏教育出版社2008年版,第260页。

五　从南京到上海

从20世纪20年代末到30年代末，陈鹤琴担任负责教育事务的官员，从建立和整顿教育体制、革除积弊、改革课程、倡导健康向上的学校风气做起，后来又致力为中国儿童办学，他始终"以研究学术精神办理教育行政"，保持教授和学者本色与热爱儿童的"赤子之心"。

通过对世界教育新潮流趋势的分析，他相信，新教育不只是知识的传授，更要注重如何"做人"，并了解人生的意义；同时，只有根据本国国情、哲学观念、文化传统，并与国外先进科学观念、教学方法相融合，中国的教育才能真正得到发展。

1927年12月南京市教育研究会幼稚教育组成员合影（左四为陈鹤琴，左三为张宗麟，左二为雷震清）。

教育行政学术化

1927年6月，应南京特别市教育局局长陈剑翛的邀请，身为东南大学教授的陈鹤琴兼任教育局第二科科（课）长，负责学校教育事务。当时，南京的教育基础薄弱，公立教育机构数量少，分布不合理，且设备落后，经费无保障；旧式私塾仍十分畅行，入私塾学生数量数倍于公立学校；新型的实验教育、师范教育和幼稚园更无从谈起。全市40万居民中，学龄儿童至少在6万人以上，但市立学校仅40余所，入学儿童只有6000余名。当局为提升首都的城市形象，聘请了一批学者担任政府官员，陈鹤琴也在受邀之列。对于这次身份转变，陈鹤琴开始时并不积极，新上任的教育局局长陈剑翛曾三次亲自出面敦请他担任职务，协助其主持全市的学校教育。不久，陈鹤琴同意赴任，他曾透露自己的想法：我可以作研究，了解学生和他们的家庭，接触实际，实现我的志愿和理想，这比在教室里讲课要好。显然，他对从事教育事业怀有更大抱负。

上任伊始，陈鹤琴全身心投入工作，将建设与整顿全市学校作为工作目标，凡事亲历亲为。他从两方面着手：一方面，在调查教育现状的基础上，扩充小学班级、创办幼稚园，同时创设实验学校、市立中学、市立师范学校，以及为教师提供进修机会。另一方面，整顿私立学校，改变私立中学占多数，而缺乏基本教育经费、设备简陋、教学无统一标准的局面，对不达标准的学校进行裁并。对于数量众多的私塾，陈鹤琴提出要限制数量，整顿、规范师资与课程标准, 对塾师采取了进行统一"检定", 设置巡回教师轮流到各私塾指导教学等措施。他还提出创设全市中心学校图书馆, "置备各种书籍, 以便各校教员学生借阅参考"。[1]

陈鹤琴做了四件事情:

第一件事情, 陈鹤琴将所有的市立学校校长分别请来谈话, 就学校事务进行交流与考察, 根据交流和考察结果决定该校长的去留。同时委派新的干部充实学校力量, 各学校教员先由校长推荐, 然后按照统一标准亲自考核后决定是否任命。

第二件事情, 整顿校舍, 添置设备。每所学校校舍, 从厕所起一直到教师宿舍, 连同校舍设备和图书、课桌椅的添置整备等。

第三件事情, 将学校与行政打成一片。每星期二下午, 全市各公立学校校长到教育局参加由陈鹤琴亲自主持的座谈会, 解决行政与教学的衔接问题, 减少公文往来, 当场解决问题, 提高办事效率。

第四件事情, 营造教学研究的浓厚氛围, 建立教育试验区, 改变原有的教育格局。

陈鹤琴是一位倾心学术的教育家, 提倡行政学术化, 主持并推广国民教育实验区和儿童教育实验区计划, 将全市划分为五个实验区, 每区设立一个中心实验学校, 由他亲自选派五位得力的学生担任各实验学校校长。他的学生李清悚描述:

一天中午, 鹤琴先生坐在鼓楼住宅内一间面临草地的客室内, 与我开始谈南京市教育建设的事。那时是一个五月间的天气, 暖风和照吹在我们的脸上, 先生是怎样的兴奋有办法, 一时给我看这个计划, 一时给我看那个报告, 正如先

[1]《陈鹤琴全集》(第4卷), 江苏教育出版社2008年版, 第31页。

生在学校里作心理实验时候一般的殷勤。我辞别出来时，先生送我出来，到了门口，我告别了，他也骑上自行车绝尘而去。[1]

　　每日清晨，陈鹤琴从位于鼓楼的住宅出发骑自行车到设在秦淮河畔夫子庙贡院内的教育局上班。他经常去所辖各校视察、指导、开会。每到一个学校，事无巨细，他都要了解，就连厕所的大小、设备的摆放、镜框悬挂的位置高低都逐一予以关注。他认为，这些小事关乎教育环境和儿童的身心健康，应该认真对待。各学校并不把陈鹤琴当做行政官员对待，而是以师生之谊，做到畅所欲言，形成融洽的讨论氛围。陈鹤琴对南京各学校的教学特点、设备情况很快都了如指掌，在较短时间内，很快打开了工作的局面。

　　在陈鹤琴主持下，成立了南京市教育研究会，下设十余个教育研究组，如幼稚教育研究组、算术教育研究组等，每周六下午举行活动，他都亲自参加。为激励学生的学习热情，他还想出一个方法：在各校各级学生中间展开创作竞赛，各校将竞赛中的优秀作品，包括制作、绘画送交教育局编印成册，每月一期，然后再将这些学生自己的创作用于课堂教学。这样一来，学生们学习的兴趣和热情空前高涨，各级各科教学有了极大改进。

　　然而，他所付出的心血与努力却被黑暗势力的漩涡无情地吞噬，他的抱负和理想不能尽情施展，官场相互倾轧和错综交织的复杂人际关系使他感到阻碍与压力。在他的"改革"实施过程中，他不断受到来自各方面的非难，那些被"裁掉"的校长、教师对他进行了各种攻讦，甚至联名要求给他"撤职"处分。有一件事情使反对陈鹤琴的人抓住了把柄。其实，事情很简单，他在对公立小学学生进行的智力测验中，例题中有一道是关于1927年以前的国旗颜色的，尽管他事先已做了说明，但那些攻击他的人仍对此死死抓住不

[1]《陈鹤琴全集》（第6卷），江苏教育出版社2008年版，第480页。

南京市教育局全体职员暨市校校长、社会教育机关主任合影（前排左九为陈鹤琴）。

放,说他"反动",并要求予以撤职,幸得陈剑翛出面解释,风波才告平息。
不久以后,陈剑翛辞去市教育局局长职务,陈鹤琴更感到自己"惨淡经营"、
"陷入困境"。这时,上海工部局华人纳税会发来信函,敦请他前往上海,主
持公共租界的华人教育事务。对此他有些犹豫不决。他想到自己还有许多事
情没有做完,难以割舍,显得心事重重。

在一个仲夏之夜,陈鹤琴和他的几位学生一起,在皎洁的月光下,沿着环
绕市政府四周的马路慢慢地散步,走了一圈又一圈,他们在一起分析、讨论。
他的学生写道:"先生对于南京市是极留恋的,正如南京市教育界留恋先生

一样。"[1]此时，一向乐观的陈鹤琴却感到失落，情绪很低，话语不多。此情此景，就连他的学生们也是头一次看到。后来，他们来到一位学生的住处，每人盛了一碗自酿的酒糟。陈鹤琴终于下了决心，他用脚在地板上用力一顿，接着叹了一口气说道："走吧！还是走吧！"

为中国儿童办学

1928年夏天，陈鹤琴来到上海，负责公共租界华人教育事务。10月间，工部局华人教育处成立，遂就任处长。自20世纪20年代初，国内知识界和青年学生发起"非基督教运动"和"收回教育主权运动"。1925年5月，上海发生"五卅惨案"，全国的反帝爱国运动进入高潮。上海的租界当局开始重视华人纳税人对租界事务的参与。为体现中国教育主权，租界当局希望找到一位具有欧美留学经历，并在教育方面有建树、有声望的本土人士主持租界华人教育。据说，租界的华人董事会在提出建立华人小学议案时附有条件，华人小学可由中国人自己来办，若办不好仍由西人来办。

在租界中，教学条件、教学设施最好的学校，都是由外国人管理，主要以教育外国儿童为主的西童学校；可供中国儿童上学的学校不仅条件差，数量也很少。有一天，陈鹤琴的侄子来到位于汉口路的工部局华人教育处探望伯父，见陈鹤琴在档案室里的一间小房内办公，便问他为什么不换个条件好一些的楼层。陈鹤琴回答：我有事情要办，我来是为华童争权利的，不是为我自己争什么的。陈鹤琴认为："小学教育是国民的教育，是造就人才的开端，

---

[1]《陈鹤琴全集》（第6卷），江苏教育出版社2008年版，第482页。

是发扬文化的始基，所以比中学、大学教育更加重要。国家的发展，青年的前途，全在小学教育的改进。"[1]

1928年10月，刚接任华人教育处处长职务的陈鹤琴向企业家聂云台租下位于汇山路150号的聂家花园，创办了他上任后的第一所学校——工部局东区小学（后称汇山路小学）及附属幼稚园。随即，他又在闸北火车站附近创办了工部局北区小学（后称克能海路小学）及附属幼稚园。在这两所学校里，许多学生是来自住在附近的普通人家的子弟。陈鹤琴力图将自己的教育思想应用在办学的各个环节。

据回忆，东区小学的校舍是两栋西式建筑，共设普通教室13间、特别教室4间、教员办公室和宿舍14间，另设体育室、图书馆、实验室、美术室、自然室等。花园中有人造湖和用太湖石堆砌的假山，大草坪被利用为操场，操场上有用于悬挂国旗的旗杆、篮球架、排球架，以及由陈鹤琴亲自设计的秋千架、多角架滑梯、沙坑、六角亭、跷跷板等玩具、教具。每天早晨，学校在操场上举行朝会，面向中华民国国旗行礼，各班学生轮流升旗，然后全体学生列队齐唱校歌后做早操。

学校课程，除国语、算术、英文三门主科以外，对自然、美术、体育、音乐等课程尤为重视。国语课既教课文，也教习字，规定每天临摹字帖写大楷一张、小楷三行；每周交周记一篇；每学期读课外读物一本。陈鹤琴主张，教学要从儿童的实际出发，幼儿画画要用大纸不要用小纸；学生写作文，要用活页纸，上部画图，下部写句子，将语文与美术结合起来，一举两得。上自然课，学生不仅看挂图和标本，还动手做实验。教师还教学生如何做盐、做冰激凌、煎荷包蛋；女生学做女红，绣枕花、针钩纱台布、编织麦秆拎包等。上美术课，学生学铅笔画、水彩画、毛笔画、静物写生等，较好的作品被陈列在走廊墙壁上

---

[1]《陈鹤琴全集》（第4卷），江苏教育出版社2008年版，第36页。

的玻璃窗里。上体育课，除训练学生的站姿、列队行进、跑步外，还学田径和球类运动。上音乐课，学生学习简谱和五线谱、唱歌。为培养学生情趣，校园里建有花棚，栽种花草。当年，东区小学女学生梳着齐耳的短发，穿着白色的翻领衬衫、深蓝色的背带裙子，脚穿长筒袜子和球鞋，整齐划一。学校的教师大多来自师范专业院校，对学生态度和蔼可亲，衣着文雅朴素，不烫发，不佩戴金银首饰；上课一律讲标准国语，从不训斥责难或体罚学生；对于学生的考试成绩从不在课堂上公布，更不对学生成绩排名次，强调平等、公平对待学生。

1930年9月1日，位于爱文义路（今北京西路）麦特赫司脱路（今泰兴路）口的工部局西区小学开学。学校原为一地产商的大洋房，房间大小二十多间，是附近地区条件最好的学校。当招生布告贴出，立即引起市民关注，纷纷前来报名。三年后，学校新校舍在新闸路建成，后即将西区小学改称新闸路小学（即现在的上海市静安区第一中心小学）。在校舍建设过程中，陈鹤琴亲自参与设计，他根据教育原理和儿童特点提出要求，将三层楼近二十间教室，全部左面采光，宽敞明亮；校舍内有暖气、饮用砂滤水等新式设备；还有装有煤气灶和纱窗的厨房，学生可在这里搭伙；各年级用的课桌椅，依各年龄段儿童的身材设计，高低有序。陈鹤琴还专门设计了一种看书板，呈45°斜角放在桌上，以保护学生视力。在他看来，桌椅的高度与儿童身体发育之间有直接关系。教室的黑板被设计成活动的，四周墙上另装有特制的小黑板，供学生用来即兴发挥。教室均设有换气通道，使空气保持新鲜。在各楼层楼梯转角处的木栅中间有一圆孔，可使楼上的孩子通过圆孔看到下层楼梯，以防止儿童上下楼梯时因拥挤发生事故。此外，学校里男、女学生厕所的厕位共有55个之多，厕具依照低、中、高各年级儿童身高区别设计配套。学校还有运动场、大礼堂和美工、自然、音乐、劳作四个特别教室。

学校的礼堂呈长方形，在礼堂的上层两侧，开了两尺高的通风斜窗，使屋内空气流通。陈鹤琴认为,礼堂讲台的设计,要考虑台下观众是否方便,若太高,则使坐在前面的观众不得不仰头看台上,若太低,则会影响坐在后面的观众的观看效果。礼堂的地面,则采用防滑的地板。礼堂可容纳四五百人,配备了当时还很少有的电影放映机,经常在周末放电影。

西区小学的教学方法以启发为主,注重培养儿童的创造思维能力。由于当时缺少合适的教材,因此教师不得不自己动手编写,陈鹤琴也亲自参加。在上海市区各学校中,西区小学以设施好、师资力量雄厚、教学质量高而闻名,其中英语教学最为出色,学生从四年级开始学习英语,每周五节课,采取直接教学法,要求耳、口、眼并用,学生的英语水平提高很快。

陈鹤琴十分重视学校的音乐教育。在西区小学的音乐教室挂有著名音乐大师的肖像,配备有钢琴和其他乐器。音乐教师由造诣高的专家担任,从一年级就开始讲授音乐知识。此外,学校还组建了一支小乐队,时常排演节目。半个世纪后,曾先后在工部局各校担任音乐教师的马虚若回忆:

由工部局西区小学音乐教师马虚若组织的学生乐队表演节目。

陈老很重视小学儿童音乐教学。他经常陪同专家或外宾来听课。我觉得很被动。有一次我对陈老说："下次如果有专家来听课，请先通知我，让我早作准备。"陈老听了就笑笑说："以后每堂课都要做好准备。有人听课与没人听课要求一个样。"他的教导我一直记在心里，一直影响我一生的教育事业。

马虚若在音乐教学方面有一套办法。他很注重对学生节奏感的培养，并依据各个年级学生的接受能力，安排一些不同的曲目让学生欣赏。从二年级下半学期开始"视谱"，即用节奏谱制成挂图，让孩子们看着乐谱演奏；从三年级开始识五线谱；从四年级至六年级，教唱二声部、三声部。由于高年级小学生开始变声，在课程安排上就减少唱歌而增加欣赏的内容，例如声乐、器乐、各国民歌，以及各种不同风格乐曲的介绍，从不同角度培养孩子对音乐的理解。学校与音乐教学相关的课外活动十分丰富，组织有儿歌队、合唱队、节奏乐队、口琴队等，每个学期举行一次音乐会，在优美旋律中培养情操。

在美术学习方面，陈鹤琴主张学生自由创作，充分发挥想象力和创造力。美术室内备有许多画板、画架及各种石膏人体模型、蜡制瓜果等，墙上错落有致地悬挂学生们的水彩画、水粉画、木炭画、铅笔画习作。

自然室内陈列着人体模型、大小地球仪、动植物标本和矿物标本，以及四季盆栽花木。学校里的实验室，按照单元教学内容可让学生自己动手做各种自然科学的小实验。

劳作室内，锯、刨、凿、斧样样俱全。学生在教师的指导下，动手制作各种器物、玩具等，体现出陈鹤琴所倡导的"手脑并用"教育主张。

重视开展体育活动，也是该校的办学特色之一。全体学生每天必须做早操；操场上设置多种根据儿童兴趣爱好和有利儿童身心发展设计制作的运动器具，如六角亭（中间有立柱，各角有滑梯、滑木）、秋千、荡木、荡船、猴子架等。学校每年都要举办运动会。学校的小足球队和乒乓球队在全市各小学校中颇有名气。上体育课时，除规定的项目外，陈鹤琴还要求学生练习走路姿势，挺胸直背。

学校的膳食实行分餐制，教师与学生一同进餐。学校要求学生穿戴整齐，也要求教师穿戴整齐。每位教师随身带剪刀，见到学生指甲长了，马上剪掉，并请其马上洗手。此外，学校还设有医务室，里面设备齐全，配备有专职医生和护士，定期给学生体检，注射各种防疫针。遇到学生请病假，医务室护士进行家访，发现传染病及时采取措施。因为学校特别注重眼的保健与卫生，所以学生中沙眼和近视眼发病率很低。

1934年陈鹤琴从欧洲考察教育回国，将从国外带回的布袋木偶交给美术教师虞哲光，鼓励其将木偶剧引进校园。虞哲光与其他几位教师一道很快掌握了木偶的制作与表演技术，排演了儿童木偶剧《原始人》，教导主任担任编剧，音乐教师担任配音，自然教师担任讲解。该剧在上海兰心大戏院正式公演，引起社会特别是教育界的极大关注。陈鹤琴曾多次将民间的木偶戏艺人请到学校演出，尽管剧情与设备很简陋，但是动作滑稽、形神兼备，受到儿童喜爱。

陈鹤琴鼓励教师们注意从民间艺术中汲取营养。1935年，上海举行国际儿童联欢会，虞哲光和朋友们去演出木偶戏。以后，他们又编排了《文天祥》、《卧薪尝胆》、《岳飞》等宣扬中华民族浩然正气的剧目，受到广泛关注。这是中国现代木偶戏应用于儿童教育的创举，也是中国较早一批现代木偶戏剧目。虞哲光后来成为享誉国内外的木偶戏大师。

陈鹤琴在工部局任职的11年中，共办了7所小学（附设幼稚园）、1所女子中学、4所工人夜校；还争取到工部局给予145所私立中小学经费补助，在4所华童公学增设华人副校长或校长。

据西区小学学生回忆，有一次，陈鹤琴来学校视察，师生们列队在校门口夹道欢迎。在大礼堂，他站在台上对全校师生讲话，勉励大家好好学习，成为国家的栋梁。他经常来学校听课，与教师们一同研究教学工作。他还曾向师生朗诵激励人们奋斗的英文诗歌、指导学生写毛笔字。学生们望着他和蔼可亲的面容，虽然个子不高，但腰背始终挺直，精神饱满，无不对他充满钦佩和尊敬。在学校的礼堂里，每周六下午放映电影、演节目，学校邀请家长与学生一起观看。电影放的大多是纪录片、科教片，节目则由学生表演。台下的家长看到自己的孩子在台上表演，十分感动，家长们的感情与学校交融在了一起，关系更加密切。

陈鹤琴认为，小学教育最重要的方面，一是儿童的健康，二是儿童的公民训练。他提出：训育不仅是知识的问题，而且是一种行为的问题；你要使行为变成习惯，就必定要在学生的心境中引起热烈的情绪，战胜阻碍那种行为的困难；习惯的养成不是短期可以做到的，只有常常注意，时时留心，要维持兴趣。[1]

在陈鹤琴所创办的各学校里，注重对学生操守、情感的培养和广泛接触、认识社会已成为共同特点，安排学生参加许多实际工作，以培养和锻炼他们的自治能力；各班级有值日生制度，由学生们轮流打扫卫生、关门窗、关电灯等。此外，组织学生参加课外活动和各种比赛，重视学生的身体健康和卫生习惯。西区小学对门的沙利文面包厂是学校的定点厂，学校常组织学生前去参观，了解工人的劳动生活；学校还组织学生到昆山、苏州、木渎天平山等处郊游，开拓儿童的视野。陈鹤琴曾将民间木偶戏班、耍猴人和拉洋片的艺人请进校园表演，让学生从民间艺术中汲取营养。他还亲自设计儿童玩具和教具，和木匠师傅、教师们一道进行研究、实验。他主张，做父母的、做老师的，要教儿童自己动手。儿童只有通过自己动手，才能真正学到本领。

他指出：

---

[1]《陈鹤琴全集》（第4卷），江苏教育出版社2008年版，第126页。

把一本教科书摊开来，遮住儿童的两只眼睛，儿童所看见的世界，不过是一本六寸高、八寸阔的书本世界而已。一天到晚要儿童在这个渺小的书本世界里面去求知识，去求学问，去学做人，岂不等于梦想吗？[1]

对于学校的教师，陈鹤琴认为，要有好的学生，必须先有好的教师，因此他对教师的培养十分重视。他聘用教师的标准不仅看学历，看教学能力，还要看仪表、态度，态度粗暴、不讲文明者不予录用。教师进校，只要热爱儿童，热爱本职工作，均受到重视与鼓励。为使学校教学质量保持较高水准，陈鹤琴亲自与每一位新聘任教师谈话。他还经常来校听各科教师讲课，然后召集教师们开会，讨论研究教学中的问题并提出意见。他还亲自到小学示范教学，提倡教学儿童化。他提出要在教室中废止痰盂，因为吐痰是社会上十分普遍的一种坏毛病，儿童在家中看到成人随地吐痰也会仿效，如果在教室中放置痰盂等于暗示儿童去吐痰。他还提出，学生的课桌椅要收拾整洁。有一次，他观摩体育课，指出学生列队和稍息、立正动作太多了，主张应加强游戏，让孩子们更多地动起来。他很重视倾听教师的意见，有时学校里的普通教师将电话打进他在工部局的处长办公室，向他直接反映学校情况。他对教师们说，教师教学生不仅是灌输知识，对于学生生活的各个方面都应当照顾到。

有一次，他到一所小学视察，走进一间教室，小朋友们正在齐声朗诵："嗡嗡嗡，嗡嗡嗡，飞到西，飞到东，一天到晚忙做工……"他摆了摆手，问在座的小朋友："有谁看见过蜜蜂？"全班四十多个人中只有两人举手。班上教自然的老师抱怨说："没有标本，没有仪器，怎样教得好呢？"陈鹤琴用手指着学校对面的菜园微笑着说道："你看，那不是你的标本、你的仪器吗？一年四季，季季有各种蔬菜，天天都有新鲜的鱼虾。这些都是很好的教材。你可

---

[1]《陈鹤琴全集》（第5卷），江苏教育出版社2008年版，第70页。

以买几条鱼来,同儿童研究一下,鱼怎样会游水的,怎样会游上游下,转弯抹角,怎样呼吸,怎样食物⋯⋯"他接着说,"这个小菜场是你的标本,是你的仪器,是你的宝库,所谓'取之不尽,用之不竭',这是活教材,这是活知识,这是活教育。"

陈鹤琴认为,教师是学校中很重要的分子,学校成绩好不好,完全在于教师的优良与否。古人说:"为政在人。"办学校也是如此。他为做一名好教师列出了四项条件:(1)有慈母的性情;(2)有怀疑的态度;(3)有改造环境的精神;(4)要亲身去做。[1]

由陈鹤琴创办的工部局女子中学,不同于教会办的女中只讲究淑女的体态容貌,而是要求女学生参加各种适合女生特点的运动,规定体育课不及格就不能升级或毕业;所有学生都要学会骑自行车;开展滑旱冰、攀绳索、打排球、跳集体舞等多种文体活动,由学校的体育教师陈咏声具体负责。几十年间,从这所学校走出了一批又一批杰出女性。

在陈鹤琴主持华人教育处期间,在工部局所办的华人学校,每天早晨上课前都要举行朝会,师生们在操场上整齐列队,向国旗行礼、唱校歌,然后做早操。学校礼堂里挂孙中山像和中国国旗。为此,工部局主管学校事务的总办,英国人琼斯对陈鹤琴的举动十分不满。有一天,陈鹤琴被"约"去谈话,并受到指责,理由是"这是工部局办的华童学校!"意思是说,办学经费是由工部局提供的,因此不能升中国国旗。陈鹤琴很坚定地说:"工部局的钱就是纳税人的钱!"不久,琼斯把升中国国旗的事情提交到工部局学务委员会讨论,陈鹤琴在会上对在学校中升中国国旗的理由作了充分陈述,终于争取到华人学校升中国国旗的权利。

1931年秋天,美国哥伦比亚大学师范学院教授罗格及夫人来到上海讲

---

[1]《陈鹤琴全集》(第4卷),江苏教育出版社2008年版,第32页。

1928年陈鹤琴在华人教育处
办公楼平台上。

工部局女子中学重视体育教育，图为体育教师陈咏声（后排右三）带领的学生自行车队。

学。罗格是继杜威、孟禄、克伯屈等之后来华访问的又一位美国新教育的重量级代表人物,他也是"儿童中心教育"学说的倡导者之一。在陈鹤琴主持下,罗格夫妇分别向中华儿童教育社在沪社员和工部局所属中小学教职员作了题为《新教育的精神》的演讲。

演讲一开始,罗格教授就提出"所谓新教育系本国文化的结晶,是根据本国文化而建设的教育",他反对一味模仿他国的教育模式。关于教育的意义,罗格说:"教育不只是知识的传授,同时要学习做人的方法——怎样在人群社会里生活。""贵国过去的教育,是从哲学方面学得知识与做人的经验,以后应当根据贵国固有的文化、现在的环境,使科学与哲学调和,使儿童获得圆满的生活,有丰富的经验,优美的做人方法。"[1]

在陈鹤琴的教育理想中,爱国、爱人、爱学问,是"做人"和"教人做人"的内涵与标准;而"团结活泼、做事勇敢、清洁健康、生活快乐、遵守纪律、和气且恭敬"则是现代公民应有的素质,也是培养儿童的目标。中国人不能永远是"病夫"!他的这个思想体现在由他为工部局小学写的校歌中:

喂!我的学校,教我们学的是什么?

喂!我的学校,教我们做人怎样做?

团结活泼,做事勇敢,清洁健康,生活快乐,

遵守纪律,和气且恭敬,

爱国爱人,还要爱学问。

啊!我的学校,我时时刻刻都爱你!

啊!你的教训,我句句都记在心里。[2]

---

[1]《陈鹤琴全集》(第6卷),江苏教育出版社2008年版,第275页。
[2]《陈鹤琴全集》(第4卷),江苏教育出版社2008年版,第114页。

生活教育

1931年3月，陶行知从日本回到上海，匿居在法租界，一方面为《申报》撰写专栏《斋夫自由谈》，另一方面全力开展普及教育运动。同年夏天，陶行知发动科学下嫁运动，在上海西摩路创办自然科学园。陶行知认为，中国的科学教育极其落后，科学只垄断在少数"受知奴"那里，普通百姓和百姓的子弟没有机会接受科学知识的熏陶，对科学一无所知，而这正是中国落后挨打的重要原因之一。在陶行知的主持下，一套由陈鹤琴、丁柱中主编的《儿童科学丛书》共108册出版。1932年2月，陶行知恢复公开活动，于6月成立儿童科学通讯学校，聘请丁柱中、陈鹤琴、高士其、胡宣明等担任指导员；学校教学内容包括儿童生物、儿童物理、儿童化学、儿童天文、儿童气象、儿童地球、儿童工艺、儿童农艺、儿童生理卫生及儿童科学指导共10门课程；教学方法采用通讯教学与共同工作两种方式。

1932年5月，陶行知的著名教育小说《古庙敲钟录》开始在《申报》上连载。关于这部小说的寓意，陈鹤琴曾作过阐释："古庙代表中国的老大帝国，敲钟的钟儿代表爱国的指示，要唤醒全中国人民大众。"[1]陶行知通过这篇小说传递出"社会即学校"、"生活即教育"的理念。用陈鹤琴的话概括："现代教师，能够教人种田，能够教人做工，能够教四万万人起来，创造出一个名副其实的中华民族，并与平等待我的民族联合起来，创造出一个平等自

---

[1]《陈鹤琴全集》（第5卷），江苏教育出版社2008年版，第218页。

由的新世界。"[1]

同年，陶行知发起"工学团运动"，于10月1日以孟家木桥为基地，成立儿童工学团，命名为山海工学团。所谓工学团，按照陶行知的解释，工就是劳工，学就是科学，团就是团体，可谓"工以养生，学以明生，团以保生"。即"以大众的工作，养活大众的生命；以大众的科学，明了大众的生命；以大众团体的力量，保护大众的生命"。

陶行知曾用十分通俗的比喻来说明"生活即教育"与杜威提出的"教育即生活"不同："教育可说是书本的，与生活隔绝的，其力量极小。拿全部生活去做教育的对象，然后教育的力量才能伟大，方不致于褊狭。我们要拿好的生活去改造不好的生活，拿整个的生活去解放褊狭的生活。"[2]

不久后，原晓庄学校学生孙铭勋到苏北淮安创办新安幼稚园，陈鹤琴捐出银元100元作为开办费。陈鹤琴还十分关心由戴自俺、孙铭勋先后在上海沪西、沪北创办的"劳工幼儿团"和"乡村幼儿团"。1933年，陈鹤琴在上海亲切会见由陶行知介绍来的"新安儿童旅行团"全体成员，并向小团员们介绍上海学校教育的情况。这个由江苏淮安县新安小学7个小学生组成的儿童旅行团，由苏北来到上海，在街头卖报，自己管理自己，到各学校进行演讲宣传，轰动整个上海滩。12月4日，陈鹤琴为新安儿童旅行团所写《我们的旅行记》一书题词："见常人所未见，闻常人所未闻，胜走马看花者多多矣。"

1934年，陈鹤琴等根据我国北部、中部、南部不同的特点，编辑出版了一套儿童国语教科书，教材内容注重儿童特点，图文并茂。国内教育界知名人士蔡元培、陶行知为该书作序。教育家俞子夷称这套书"可以说开教科书新纪元"。

[1]《陈鹤琴全集》（第5卷），江苏教育出版社2008年版，第218页。
[2]《陶行知全集》（第2卷），四川教育出版社1991年版，第504页。

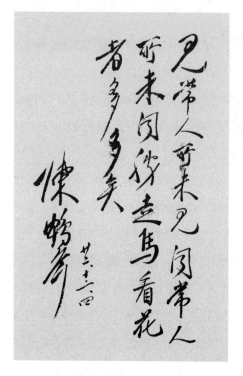

陈鹤琴为新安儿
童旅行团题词。

　　1934年6月，在陈鹤琴主持下的上海工部局华人教育处发布《小学生服务
试行办法十五条》，用"即知即传"的方法，发动小学生做"小先生"。办法中写
明：小学生要从事社会服务。教人的小学生被称为"小先生"，小学生所教的对
象被称为校外学生。每位小学生至少要找两名校外学生接受他的指导，指导时
间每次少则十几分钟多则半个小时。学校规定"小先生"暑假教人学习，分量
比平日加重。暑假前举行一次总指导，暑假后有一次总考核。同时也规定，该
办法暂时只在小学高年级试行，今后视情况再行推广。陶行知对此显然意犹未
尽，他将"小先生"比喻成"热烈无比的太阳"，按照他的想法，恨不得所有小学
生都能成为"小先生"。在西区小学召开的"小先生"会上，有一个"小先生"教
一位83岁的老太太；还有一个孩子教他的德国母亲认中国字，写出了生动有趣

的故事。

　　1934年4月的一天，陈鹤琴与沪江大学校长刘湛恩、中华书局编辑吴研因随陶行知一道来到江苏宜兴参观西桥工学团。西桥工学团是按照山海工学团的教育形式，遵循陶行知所倡导的"社会即学校，生活即教育"和"小先生制"的办学理念开办的新型学校。开办这所学校的是一位年仅13岁的少年，名叫承国英，他用自己一点微薄的稿费，在当地农民的帮助下开办了这所学校。学校采用"小先生制"，"小先生"们轮流来校教课并自修，余下的时间仍在田间或家里干活谋生。陶行知也派出"小先生"到该校工作并捐款。据说，该校开学那天，有四乡八邻16个村的100多名孩子赶来上学。陈鹤琴深深折服于陶行知的思想及实践在普通民众中所产生的作用和影响。他亲身感受到，这才是真正的大众教育。

1934年，陶行知、陈鹤琴、刘湛恩等参观西桥工学团（后排中为陶行知，前排右一为陈鹤琴）。

1934年10月至11月间，天津《大公报·明日之周刊》连续刊载署名子钵的文章，针对三年前陶行知在《中华教育界》杂志发表的长文《中华民族之出路与中国教育之出路》（署名何日平）提出质疑与批评，文章的题目是《陶行知先生的黄色烟幕弹》，抨击陶行知所提出的"中华民族之最根本出路，即中国教育之最根本之出路"是"少生小孩子"与"教人少生小孩子"，以及另外两条出路：一条是创造富的社会，即教人创造富的社会，不创造富的个人；另一条是教人建设平等互助的世界。[1]子钵的真实身份是明日教育社社员、时任北京大学教育系主任的尚仲衣。有一次，陈鹤琴在一个场合里见到尚仲衣，他们谈起了近百年来的中外教育家，陈鹤琴说，陶先生要算伟大的教育家中的一个。尚仲衣反问："你们这个话不会过分吗？"陈鹤琴当即举出了许多关于陶行知创办教育的事例予以证明。陈鹤琴的评价是："陶先生是一个即知即行、能知能行的实践教育家。他很少空谈理论，总是老老实实地硬干。""陶先生具有特异的思想，'小先生制'、'教学做合一'、'学校与社会打成一片'等所有这一切，没有一样不表现出他的伟大创造力与特异的思想。"[2]

考察欧洲教育

1934年7月28日，陈鹤琴以休假名义，从上海登船前往英国，开始为时7个月的欧洲之行，这是他从美国留学归国后又一次踏出国门，也是第一次到访欧洲。在长达7个月的考察访问中，他先后到达英国、法国、比利时、荷兰、德

[1]《陶行知全集》（第2卷），四川教育出版社1991年版，第624页。
[2]《陈鹤琴全集》（第6卷），江苏教育出版社2008年版，第303页。

国、丹麦、苏联、波兰、奥地利、意大利、瑞士等11国，了解各国教育制度，考察当地幼儿园、学校，拜访教育界人士，亲身体验世界教育潮流的新趋势。

欧洲是新教育的发祥地，自17世纪末到19世纪中叶，以夸美纽斯、卢梭、裴斯泰洛奇、福禄培尔等教育家及其学说为主要代表的新教育思想对于欧美教育发展，乃至社会发展进程产生了深刻影响。

陈鹤琴一行从位于荷兰南部的蒂尔堡登岸后，首站到达英国。他先后在伦敦、利物浦、罗奇代尔，考察当地小学、幼儿园、男子中学、女子中学、职业学校、艺术学校、特殊学校等。他将考察重点放在教育制度，包括视导制度、奖学金、学校的医疗服务等，以及初等教育、中等教育、特殊学校和职业学校教育等方面。在伦敦期间，陈鹤琴应邀向新教育学会会员作了题为《中国教育之发展》的报告。他还访问了利物浦大学、剑桥大学和牛津大学。

在英国，政府对教育的管理主要是制定教育法和规章条例，而将所有公立学校的管理权委托给地方教育当局，经费由国家和地方共同承担；对社会机构办的小学教育，由地方教育当局资助，并纳入公共教育体系。教育部通过其派出的督学以向学校当局下达通报的方式检查学校的工作。督学通常由某一方面的教育专家担任，他们最重要的工作是与校长合作，从各方面对学校事务和课程教学提供建议，充当顾问。这种视导制度保证了学校管理和教育教学的合理安排。

陈鹤琴注意到，在英国学校里，课程设置并不由教育部统一规定。各小学所教课程中注重知识性和实用性。在许多小学，既有英语、书写、算术、图画、自然、地理、历史、音乐、卫生、体育等课程，同时也开设手工类课程，男生学木工，女生学编织、洗衣等家务。在一些高小或中心学校，课程设置偏重于商业和家政方面。各学校都有良好的设备和图书馆、体育馆、艺术室、实验室等；工场分为男生用的木工房和金属加工场，女生用的厨房、洗衣房。给陈鹤琴印象最为深刻的是，学校几乎都有足够的户外活动场所，操场、球场很宽敞, 设备齐全, 并有大片草坪用于学生室外活动。

英国教育的一个重要特色是职业学校, 包括综合技术学校和单一技术学校、技术和工艺学校、艺术学校、全日制继续教育学校和夜校。许多青年在这些学校里学习一门或几门有用的技术, 为就业作准备。当时, 英国有超过100万的青年人、成年人通过这种学习成为技术工人, 从而转化为生产力。

此外, 英国的特殊教育给陈鹤琴留下了深刻印象, 许多身心残缺儿童, 包括盲童、聋哑儿童、弱智儿童以及犯罪儿童都能得到专门教育, 家境贫寒的孩子能有饭吃。在伦敦, 所有学校的儿童每学期都由校医为他们进行体格检查, 并有专科医生对各种疾病提供治疗, 这使陈鹤琴不禁想到在自己的祖国, 更多儿童生活在饥饿与死亡的边缘, 即便在最讲究现代文明的上海公共租界和法租界里, 沿街流浪乞讨的儿童也随处可见, 不计其数。

在比利时, 陈鹤琴来到向往已久的德可乐利学校参观。该校创办人德可乐利博士 (Ovide Decroly, 1871~1932) 原本是一位医生, 长期致力于研究儿童变态心理, 试用各种新教学法教育特殊 (弱智) 儿童。1907年, 他在布鲁塞尔近郊创办了一所生活学校, 采用训练身心有缺陷儿童的方法进行正常儿童的教育, 这所学校被称为 "德可乐利学校"。

德可乐利是欧洲新教育的代表人物之一。他认为, 传统学校的弊病在于, 过于注重书本知识, 而没有充分适应儿童的年龄、兴趣、需要和能力; 学习的科目是互相隔离的, 根本没有考虑儿童的思维能力发展; 儿童花费在获得书本知识上的时间和精力太多, 而花在表述上的时间和精力太少; 给儿童自由活动和发挥创造性的机会太少。[1]这所学校有一句著名的口号: "从生活, 为生活。" 意思是, 将儿童放在适当的环境里去发展他的生活, 儿童必须到生活中去学习, 去求知识, 求技能, 去做人。在教学方面, 德可乐利规定

---

[1] 单中惠主编:《西方教育思想史》, 教育科学出版社2007年版, 第365页。

陈鹤琴赴欧洲时的个人照及所到过的一些地方。

了三个步骤：第一，直接观察；第二，间接联想；第三，自己发表。

在校园里，陈鹤琴看到儿童正在分组做各种活动，有的在喂鸡，有的在菜园里干活，有的在牛圈里喂牛、挤牛奶，有的在运动场上做游戏。学校教师介绍，儿童们经常被带到外面去参观或实地考察，每名儿童都有一本考察记录簿，上面记录着儿童们的所闻所见所感，除了文字以外，还有图画。学校里没有统一的教科书，只有参考书。有关语文科目的材料，由儿童自己编写并印刷。低年级的部分教具由儿童自己制作。在参观过程中，陈鹤琴看到一架天平，秤盘是纸做的，用于表示重量的砝码却是用松子做的；还有一个钟摆，也是用松子制作，用于表示度量，情趣盎然。

参观结束后，陈鹤琴感受到了新教育所产生的活力。学校并不需要用分数或奖品去奖励儿童,也不采用惩戒手段去约束儿童的自由,而是依照儿童的兴趣,组织儿童守秩序并忙碌地工作。这样的学校能够培养儿童自我管理的能力,培养儿童独立的习惯,久而久之,儿童在学习和工作时就无须教师的督察;在这样的环境里还可以培养儿童互助的精神。陈鹤琴看到,上午的课程结束后,许多儿童将一张张帆布床搬到空地上,为午后休息作准备。他写道:

> 本人很佩服德可乐利博士办学的精神。他一生从事教育,为儿童造福,这种精神,这种伟大的人格,实在是值得我们钦佩的。[1]

在德国,体育教育十分发达。十一二岁以上男女学生每周六都要到农村和郊区去过户外生活,政治训练一周两小时,教师行纳粹礼并高呼"希特勒万岁",学生们起立欢呼。而在意大利,校长和教师都穿着军装,从小学生起就要接受军事操练;国家免费为儿童提供教育与温饱。学校中将学生按年龄和性别组成"女青年法西斯"、"意大利儿童"、"先锋队"、"男青年法西斯"等组织,强化"国家主义"与"军国主义"意识,培养民族意识和军国主义精神。

在奥地利,陈鹤琴来到一所音乐学校,看到有三位女学生在指挥整个年级唱歌,一首接着一首,非常投入,充满感情。学生们一半唱歌,一半拍着手跳民间舞,曲目是《蓝色多瑙河》,旋律悠扬,十分优美。

访问期间,陈鹤琴专程拜访了著名的儿童画家奇泽克(Cizek)。奇泽克有一个著名的口号:"揭开盖子。"奇泽克的画室布置得琳琅满目,布满了各种儿童画作,有整幅的儿童画,有立体的雕塑作品,有大幅的水彩画,都是儿童

---

[1]《陈鹤琴全集》(第4卷),江苏教育出版社2008年版,第151页。

自己的创作。奇泽克带陈鹤琴来到一幅4岁儿童的画作前，画面上只是用简单的线条勾勒出的人的头、五官和四肢。奇泽克说："陈先生！你倒想想看，我们成人有什么权力去改正这张图画呢？这个小孩看起人来，只看见一个大的头。我们为什么要教他画得小一点呢！他看见身子是没有多大用处的，他只看见一条直线，为什么我们一定要他画出一个立体的圆柱形呢？"陈鹤琴提出问题："是的，不去校正他，就让他这样错误下去，将来会不会总是这样画，没有进步呢？"奇泽克很认真，也很有耐心，回答道："小孩子大一点，观察力强一点，他自然而然会面对的。我们不要促成他早熟，不要把成人的意见注入到他的脑子里去。"奇泽克主张，小孩子不要模仿名画，他说："我愿意儿童在他们现在的环境中生长创造，不愿他们看见希腊过去的作品。"他认为成人不该干涉他们的权利，主张儿童自己创作。对此，陈鹤琴并不完全赞同，他认为："艺术是一定要教的，倘使不教而让儿童自己去瞎摸，那是太不经济了。我们人类所有的经验，是应当利用的。"[1]

在整个考察过程中，最令陈鹤琴感到兴奋与难忘的是在莫斯科所看到的情形，教育的普及使社会主义苏联到处充满盎然生机和崭新面貌。十月革命后，苏联开展的第一件工作就是扫除文盲，共花了13年的时间，扫除了全国70%的文盲，这在全世界都是史无前例的。十月革命以后，在莫斯科大街上有5万流浪儿童，当时还是青年的教育家马卡连柯深信儿童是可以改造的，他将一些儿童组织起来进行试验，逐渐积累经验，使儿童教育受到全社会的普遍重视。

陈鹤琴对于苏联的儿童科学研究所、儿童美术研究所表示了浓厚兴趣，热情高涨。他了解到，儿童科学研究所在苏联全国有700多所，他参观了3个所。在各实验室中，电话、无线电、汽车、飞机、应用化学、摄影、机械等项目

[1]《陈鹤琴全集》（第4卷），江苏教育出版社2008年版，第151页。

丰富多彩。在汽车实验室,陈列着两辆由11岁至17岁的儿童参与制作的汽车,一辆只能坐一个人,另一辆稍微大一点。有人介绍,一个月前这两辆汽车在莫斯科大街上进行60公里比赛,观众人山人海。在无线电实验室,每个儿童面前的桌子上有短波无线电,可以向外发送信号,凡是对电学有相当知识技能的儿童都可以享用这张桌子。

在陈鹤琴的考察笔记中,用了很多篇幅对苏联学校的义务教育制度、学校管理体制、教学组织和学生活动等作了详尽记述,他还提到了在学生中的青年共产党组织。他认为,初等教育是建设新社会最有效的工具,所以施教的时期愈早愈好。婴儿期和幼儿期是人生的起点,是人生一切的基础。[1]

陈鹤琴写道:

这次考察欧洲十一国教育,最重要的感想有四:(1)各国注意健康教育,注重体育;(2)各国教育注重"做"字,注意培养动手能力和创造精神;(3)各国的教育普及;(4)教师教法好,有专业研究精神。诸位都是教育界同仁,大家快团结合作,一致努力新教育运动,使上海的教育兴盛起来,全中国教育普及起来。[2]

1935年3月7日,陈鹤琴一行结束欧洲之行,乘船回到上海。

---

[1]《陈鹤琴全集》(第6卷),江苏教育出版社2008年版,第194页。
[2]《陈鹤琴全集》(第4卷),江苏教育出版社2008年版,第147页。

小学生应该读经吗

1935年5月,《教育杂志》第二十五卷第五号"读经问题专号"刊登国内七十多位专家对读经问题发表的观点。自1931年"九一八"事变和1932年上海"一·二八"事变以后,国内反日情绪日益高涨。人们在义愤填膺的同时,痛定思痛,感到民族生命出现颓萎之势,社会上甚至出现"中国必亡"的论调。教育能不能救国? 教育家可以用怎样的方式救国? 专家们将关注的重点放在了对于读经问题的讨论上,共同的目标是怎样实现民族复兴。

提倡读经是否就是改变国运和纠正思想的正确方法呢? 参加讨论的专家包括政治家和教育界人士,他们各抒己见。讨论分为三种意见:

一部分持主张读经意见的专家认为,我们要挽救国运,纠正思想,只有恢复民族的自信心,读经是恢复自信心的一种方法。有人将中国国力日益孱弱的原因归结于五四新文化运动以来国学衰落导致的人心散漫与国纲不振。经书体现中国的文化,可以凝聚人心,因此,救国非读经不可,并且要从儿童和年轻人开始。

另一部分持反对读经意见的专家认为,在工业化社会中,经书内容早已过时。经书可以在专家中研究,而不必使更多年轻人走进故纸堆中。国民党元老于右任甚至说:"如果读经可以抵挡日本军队的飞机、大炮,我就高呼东方文明万万岁!"

再有一部分专家的观点是,读经的问题不能一概而论,应该区分目的与用途不同,择其精华收入学校课本。持这种意见的人士包括时任中央研究院院长的蔡元培和陈鹤琴等教育家。陈鹤琴提出"为什么要读经"的问题,如果是为了研究古代文学, 这些经书在大学专科时才有读的必要; 如果是专为人格和道德培养, 则应该考虑这些经书的文字、内容是否可以使儿童领会。他写道:

> 经书含义宏深, 文字古奥, 即以四子书而论, 非对于古文具有根柢略具训诂知识的, 已属不能卒读。如果一面读经, 一面再教古文, 不但时间不允许, 恐怕生吞活剥, 对于真正的经义仍旧是一知半解。现在有人主张不必问小学生能否了解, 只须教他们读经就是, 大概是说学生把经书熟读在肚里, 将来自然就会应用。这种 "反刍式的教育" 我实在不敢苟同。[1]

陈鹤琴认为, 如果要教小学生领略经书的内涵与精神, 首先要把经书的内容和文字进行选择与改造。理由是, 许多经书文字难懂, 内容偏于政治道德的叙事说理, 儿童不易明白; 只有将经书内容改编成符合儿童心理和接受能力的现代儿童读物或戏剧等形式, 明白浅显、富有情趣, 教儿童们阅读, 教儿童们表演, 才有可能引发其兴趣, 使儿童可以明白、了解, 真正做到有利无弊。选择儿童读物或教材时, 陈鹤琴主张应该符合儿童心理, 编制方法力求新颖, 文字与图画并重。在他看来, 选择教科书内容, 应该根据儿童的心理而顾及社会的需要, 而不是相反, 只重社会的需要而忽略儿童的心理。[2]针对有人提出应打破 "鸟言兽语" 观点, 他认为, 所谓 "鸟言兽语" 的读物是七岁以内儿童最喜欢听、最喜欢看的, 成人没有权力剥夺儿童所需要的东西; 同时, 成人应多编各种科学家的故事读物, 以丰富儿童的经验, 引起儿童的兴趣。

---

[1]《陈鹤琴全集》(第4卷), 江苏教育出版社2008年版, 第103页。
[2]《陈鹤琴全集》(第4卷), 江苏教育出版社2008年版, 第172页。

温暖的家

在英国有一首家喻户晓的歌曲——《可爱的家》，其中唱道："纵然游遍美丽的宫殿，享尽富贵荣华，但是无论我到哪里，都怀恋我的家……"在陈鹤琴的家庭中，时时都洋溢着温馨、关爱的气氛。

陈鹤琴的家庭是一个大家庭，他有七个子女，还有侄儿、侄女，最多时有二十多口人。他与夫人恩爱有加、相敬如宾，即便是有时他们之间对于某些事情看法不一致，也从不在孩子面前流露，而是避开孩子们到另一处商量。陈鹤琴爱好运动，经常带儿女们去郊游、爬山、游泳、打网球，儿女从小都会骑自行车、滑旱冰、踩高跷、荡秋千等。他曾说过："一般地说来，一个健康的人，他有理想，他乐观、积极、有毅力，他能担当起大事；而一个不健康的人，往往消沉，遇事灰心，即使他有理想，想承担重任，而他的身体吃不消。所以健康是非常重要的。"[1]在父亲的影响下，子女们从小养成勇敢、开朗、活泼、向上的性格，这对他们后来的人生道路产生了深远影响。

在日常生活中，他十分重视子女们养成良好卫生习惯，他提醒子女们要保持口腔卫生，除早晚刷牙外，还要注意及时矫正畸形牙，保持牙齿美观。他要求学生和子女保护好眼睛，注意房间里的灯光与看书的姿势，注意写字时的握笔方法，不许躺在床上看书。他自己无论开会谈话从不撑着头、弯腰曲背，始终坐得挺直，走路时也是这样。

在陈鹤琴的家庭里，他对所有的孩子都按照他们各自的天赋与兴趣予

---

[1]《陈鹤琴全集》（第5卷），江苏教育出版社2008年版，第60页。

1937年陈鹤琴与母亲
在一起。

以培养。长子一鸣喜欢绘画，父亲从小就培养他的绘画技能。长女秀霞有音乐与语言天赋，从6岁起就开始学习钢琴、唱英文歌、学英语。父亲经常给她讲世界上优秀艺术家的故事，用留声机播放世界名曲，使她从小对于艺术有了更多感受。有一天，陈鹤琴去秀霞的音乐教师家做客，发现音乐教师的女儿对于音符的辨别力很强，他悟出了其中的道理。回到家后，他开始教秀霞闭起眼睛辨听音调音符，在半小时内猜了二十多次。从这天起，他每日教女儿听音。通过这一实验，陈鹤琴得出结论："小孩子的听觉，是可以从小训练的。"陈鹤琴在《家庭教育》中写道："我的大女儿秀霞，从小就有音乐的环境，小孩子学音乐，要从小学的。学弹琴耳朵是很要紧的，耳朵不能辨别琴音，琴是学不好的。"[1]

平日里，家中有哪个孩子生病，他都会带领其他孩子前去看望，各自送上心爱的小礼物。进入房间时，他就会蹑手蹑脚，轻声说话，以免影响病人。每到这时，躺在床上的病人就成为全家的重点保护对象。在家庭中，他要求子女自己的事情自己做，不许贪图安逸，不许随便指使人，要尊重、珍惜他人的劳动，要求他们从小树立"求人不如求己"的观念，培养自立、自强意志和独

1935年陈鹤琴夫妇与
七个子女摄于上海寓所。

[1]《陈鹤琴全集》(第2卷)，江苏教育出版社2008年版，第640页。

立生活能力。

陈鹤琴的家庭教育原则:"积极的鼓励胜于消极的制裁。""积极的暗示胜于消极的命令。"在家中,他从不呵斥子女。有时孩子做错事情,他往往用微笑示意,使犯错的孩子很快领会。

他很注意保护孩子的自尊心。三女儿秀云小时候皮肤黝黑,里弄里的孩子给她起了绰号"黑炭"、"阿比西尼亚皇后"。父亲闻知后对女儿说:"黑是健康,是美!"还经常用英语称她为"黑美人"。在学校里,老师问秀云:"在家里,爸爸最喜欢谁?"放学回家后,秀云就问父亲,父亲和蔼地反问:"你说呢?"

有一次,他发现孩子放学回家后作业负担重,影响睡眠时间,就在学校召开会议,研究学生减负问题,要求一定要保证学生有足够的睡眠时间和锻炼身体及活动的时间。

他经常教导儿女们从小要诚实、守信,不说谎,不作伪。女儿小的时候,每天早晨搭父亲的车上学。有一次父亲上班晚了,女儿迟到了。到了学校后老师问起原因,女儿回答:"爸爸大便,出门迟了。"放学后女儿把这件事情讲给父亲听,父亲没作声。第二天早晨他就让侄女带着女儿乘电车上学,侄女年龄稍大,已经上六年级了,从此女儿再没有迟到过。

1936年,陈鹤琴与15岁的长子一鸣曾有过一次深谈,他说:"我立志终身为人民大众服务。人活着,如果只是为了自己是没有意义和价值的。我教育你从小学做人,今天,我放心了。"1937年"八一三"事变后,一鸣参加了上海学生界抗日救亡工作,走上投身革命、奉献人民的道路。1938年,一鸣加入中国共产党。1940年到1946年,一鸣先后担任中共上海地下党学生运动委员会大学区委委员、书记,地下学委委员。在弟弟妹妹的心目中,一鸣是他们的引路人。

几十年后,当陈鹤琴的子女们相聚时,大家情不自禁地唱起当年父亲最喜欢的一首苏格兰民歌——《我的心在高原》,歌中唱道:"我的心在高原,不管我上哪儿。我永远爱着高原的山丘……"

六　　在抗战的洪流中

　　20世纪30年代，由于日本帝国主义的入侵，中国处于生死存亡的紧要关头，全国掀起了抗日救亡运动的高潮。陈鹤琴与其他教育家一道，积极投身于国难教育，宣传抗日，用教育作为鼓舞人民斗志的战斗号角和武器。作为教育家，陈鹤琴深知自己的责任。他向社会发出呼吁：维护妇女、儿童的权益；多予儿童以安全的保障；在战争与灾难来临时刻应首先救护儿童。他积极从事难民教育，组织难民自救。这一时期，陈鹤琴受到了共产党与进步思想的深刻影响，情感与精神逐步升华，他将自己的前途与国家、民族的命运紧密地联系在一起。他向青年发出号召：要成为时代的灯塔，发放光明，照见自己的前途，同时又照耀他人，照亮社会，造成光明的世界。

20世纪30年代初陈鹤琴在上海寓所。

宏　愿

　　1935年8月1日，上海《新闻报》刊载了陈鹤琴为庆祝"全国儿童年"而作的《对于儿童年实施后的宏愿》一文，内容如下：

　　（一）愿全国儿童从今日起，不论贫富，不论智愚，一律享受相当教育，达到身心两方面最充分的可能发展。

　　（二）愿全国盲哑及其他残废儿童，都能享受到特殊教育，尽量地发展他天赋的才能，成为社会上有用的分子，同时使他们本身能享受到人类应有的幸福。

　　（三）愿政府及慈幼机关为儿童福利着想，尽力设计，多予儿童以安全的保障。

　　（四）愿全国各处从今以后，所有奴婢童工等不良制度，完全绝迹。

　　（五）愿全国的父母、导师以及全国的成人们，随时随地本着"幼吾幼以及人之幼"的古训，各就自己能力所及之处，保育儿童，救济儿童，感化儿童。

　　（六）愿今后全国的父母们，都具有教育常识，切实了解儿童心理和儿童期的价值。

　　（七）愿全国的妇女们，都自觉着母性的伟大，注意胎教和妊娠期的卫生，造就优良和健全的国民。

　　（八）愿全国教师们，抱着鞠躬尽瘁，死而后已的精神去教导儿童、训练儿童，使他们成为健全的公民。

（九）愿全国慈善家和一切成人们，对于凡百救济事业，先从儿童做起，遇到危险，先救儿童。[1]

此前不久，国民政府与日本占领军签署《何梅协定》，中日战争处于一触即发之际。随着前方消息不断传来，战事不断吃紧，上海等地的报纸上时常刊登有关日本军队占领下的东北的消息和日军在绥远、华北调动的新闻。此时的陈鹤琴全然没有作为知名儿童教育家为"全国儿童年"而感到的兴奋，反而是忧心忡忡。此时，虽然国内的报纸、广播大量报道"全国儿童年"的热闹场面，人们唱着"从前世界属大人，以后世界属儿童"，然而在上海的街头，到处可见沿街乞讨的流浪儿，农村里儿童的生活状况更不堪目睹。即便是当局举行了一些有青少年和童子军参加的庆祝活动，也遮掩不住中国儿童身处水深火热之中的严峻现实。陈鹤琴认识到，儿童教育的前提首先是儿童的生存状态，以及政府和社会对儿童问题的重视程度，儿童工作者应是儿童权利与福祉的谋求者和保护者。

在美国，"儿童年"活动开始于1918年4月16日。第一次世界大战爆发之后，由于许多美国青壮年开赴欧洲作战，工厂大量雇用童工，使儿童的生活陷于险恶环境之中，每年死亡的儿童多达300万。美国举行"儿童年"活动的五大目的中的第一个目的就是减低儿童死亡率，由此引起了美国社会对儿童健康与福利的高度重视。但这在20世纪30年代的中国是很难做到的。

1936年2月23日，陶行知先生发起成立国难教育社，提出了抗日救国教育的主张，发动募捐办学。国难教育社开始时有700多人参加，以后发展到几千人。一时间，"国难教育"成为沪上教育界最富激情的旗帜与口号，立即得到

---

[1]《陈鹤琴全集》（第4卷），江苏教育出版社2008年版，第330页。

社会各界的普遍赞同与响应。为支持国难教育社的工作,陈鹤琴四处奔走、募捐,将沪东沈家滩小学改建为余日章小学,以后又开办余日章二小和三小,招收工人和女工进行识字和文化知识教育,由国难教育社派出成员担任校长和教师。曾当过陈鹤琴和陶行知助手的张宗麟,此时担任生活教育社和普及教育促进会的负责人,由他出面直接经办这些工作。

陈鹤琴对陶行知的许多创举非常赞赏。1935年陶行知陪同陈鹤琴参观上海"流浪儿童工学团"。几天后,陈鹤琴来到流浪儿童中间,他弯下腰去给孩子们讲故事:有一天,一头黑羊和一头白羊分别从河的两岸上了桥,两头羊互不相让,结果扑通扑通都掉下了河。故事讲的是朋友之间要相互谦让的道理。陈鹤琴讲得有声有色,孩子们听得聚精会神……

由于陈鹤琴的特殊身份,他对陶行知的许多工作提供了很好的配合。据记载,1934年春天,山海工学团团长马侣贤被国民党特务逮捕,应陶行知之请,由陈鹤琴出面保释营救。陈鹤琴还利用自己的社会地位和影响,出面营救了许多被租界当局拘捕、扣押的生活教育社成员、夜校学生和进步青年。

1936年7月,由陈鹤琴主持的中华儿童教育社第七次年会在江西庐山举行。会议的主要议题是讨论中国教育改进问题,发起了"良师兴国运动"。陈鹤琴提出了明确的口号:"复兴国家,必先改进教育。"他针对在职教师因生活不稳定,造成大量流失,直接影响到各种教育的开展,尤其是广大农村乡镇教育的现实情况,向当局提出要求,希望维护和保障小学教师基本的生活待遇与权益,其中包括保障小学教师在生病衰老时的生活安全及身后家庭生活的安全。然而,教育家们的良苦用心,并不会得到更多的响应。在积贫积弱的中国,对于政府的此类期待无不逐一落空。

爪哇之行

1937年1月底，由熊希龄率领的中国代表团登上芝沙路亚号邮轮驶离上海前往爪哇，出席由国际联盟召开的国际远东禁贩妇孺会议，代表团成员包括毛彦文、陈鹤琴、关瑞梧等六人。

显然，这次会议并没有得到中国政府的重视，以至于出发前与会代表竟对中国各地妇孺被贩卖的事实和数字所知甚少，直到上船后，为稳妥起见，经商议，大家公推陈鹤琴执笔，将各人手上的所有材料汇集，才形成一个书面报告。由于材料十分零散，又要代表中国向全世界控诉中国妇孺所遭受的不幸与苦难，在从香港到爪哇的12天航程里，陈鹤琴不得不绞尽脑汁，孜孜不倦地写作报告。后来，他的胃病犯了，剧痛到不能下床的地步，人也显得十分疲惫不堪。同行的关瑞梧负起了打字的任务，遇有字迹辨认不清，陈鹤琴就耐心解释，逐一回答，直到完成工作。他被称为代表团里的"大脑"。

代表团一行抵达爪哇后，大会已经开幕。这时，他们才了解到，作为中国政府代表的中国驻当地总领事只得到政府命他代表政府参加此次会议的通知，并没有关于会议议题的任何供发言和报告的材料，实令熊希龄、陈鹤琴等来自民间团体的代表感到有些意外，好在他们在船上作了一些准备。

中国是远东地区妇孺贩卖现象最为严重的国家，这次会议的内容又与中国密切相关，在大家的公推下，陈鹤琴担负起每日草拟报告的任务，并被推选为专门委员，在除大会政府代表发言外的小组讨论和专题会议上，代表中国发言。他以娴熟的英语和大量事实回答各国代表提问。首先，他向大会介

1937年，陈鹤琴与熊希龄（右二）、毛彦文（右三）、关瑞梧（右四）等出席在爪哇举行的国际远东禁贩妇孺会议。

绍了有关中国妇孺被贩卖的情况。在发言中，陈鹤琴列举了一系列数字，以及在中国每年被查获的妇孺贩卖案件。发言中，陈鹤琴总结了在中国造成贩卖妇孺情况严重的原因，主要有三点：（1）旱灾、水灾及饥荒等自然灾害；（2）愚昧无知及贫穷困苦；（3）吸鸦片烟的父母卖掉自己的女孩。他提出，废除娼妓必须从教育入手，同时应重视对娼妓性病的治疗，使她们恢复正常生活。

当讨论在远东设立国际妇孺禁贩局的议案时，新加坡代表提出将该局设在他们国家，而陈鹤琴则极力主张设在中国上海。在中国代表团的力争下，本次凡与中国有关的议案，"全没有使我国失去应有的权利及保障"。[1]

在印尼期间，代表团一行受到当地华侨的热烈欢迎。陈鹤琴作了多场演

[1]《怀念老教育家陈鹤琴》，四川教育出版社1986年版，第67页。

在印尼期间，陈鹤琴多次向华侨演讲。图为陈鹤琴与华侨学生合影。

讲，听众包括商人、教员和小学生等。陈鹤琴的演讲诚恳、动情，详尽地将祖国的可爱之处如数家珍般地向听众介绍，使台下渴望知道祖国情况的华侨们十分激动，许多华侨纷纷表达了要将子女送回国内读书，以便能为祖国出一份力的愿望。在巴达维亚（即今雅加达），有一天陈鹤琴正准备去参加对当地教职员联合会的演讲，却突然胃病发作，疼痛难忍，但他仍然坚持下床，将自己已准备好的演讲稿托人带到会上去念。他对同行的人说："得到在华侨中宣传的机会太不易了，做教育及社会福利的人，应该尽量去利用它。"

回到上海后，陈鹤琴四处奔走，经多方努力，终于与其他社会知名人士一道，成立了禁贩妇孺问题研究会。

难民教育委员会

1937年，七七事变爆发当日，陈鹤琴正在北平参加中华儿童教育社第七届年会暨中国教育学会会员大会，会场设在清华大学，陈鹤琴的长子一鸣和长女秀霞一道随行。北平军政当局信誓旦旦地表示要抗战到底，"决与城共存亡"，使与会者备受鼓舞。在欢迎会上，胡适大谈"教育哲学"，陈鹤琴却感觉，在国势如此危机的时候，日寇侵略的火焰已经烧到门前，教育界应该激励国人起来抗战，表达对战胜敌人的信心。

傍晚以后，北平全城处于严密戒备状态，街上行人稀疏，许多店铺很早就下了门板，不时见到军车和全副武装的军人通过市区，通向城外的各大城门口都有宪兵把守。这天夜里，日军借口士兵失踪向驻守宛平城的中国守军发起进攻，双方在卢沟桥爆发激烈战斗。

会议结束后，为保证与会代表安全，陈鹤琴、张宗麟带领百余名从南方来的代表一道乘火车沿平绥线至大同，再改乘由山西省当局派来的汽车到达太原，由太原又转往石家庄，而后换乘平汉路火车前往武汉，再搭长江轮船返回上海。在太原期间，全体人员在晋祠照了一张合影，作为此次难忘之旅的留念。随陈鹤琴北上的长子一鸣回忆说："令人振奋的是，太原的大街上到处响彻'牺盟会'（即山西牺牲救国同盟会）领导的民众抗战歌声。"不久，北平和天津先后沦陷。二十九军从宛平、卢沟桥一线撤退，国民政府的抗战誓言落空了。

1937年8月13日，日军向上海发起进攻，企图以速战速决的方式迫使中国政府就范。日军一百多架飞机对闸北、南市火车站和洋浦、虹口等地的民用

1937年7月，中华儿童教育社在北平举行第七届年会。图为南方部分社员途径太原时在晋祠合影。

设施进行狂轰滥炸，大量民房被炸毁，数以千计的平民被炸死。熊熊火焰绵延数里，城市上空战云密布，人们处在万分惊恐之中。成千上万难民从闸北、沪东似潮水般拥入租界，外白渡桥上喊声哭声连成一片。

随着越来越多的难民拥入租界，慈善福利机构在徐家汇、静安寺、霞飞路、康悌路等处和各大学的操场上设立了上百个难民收容所，无家可归的难民们在拥挤的空间和较差的卫生条件下艰难度日，街道两旁到处可见流离失所的人们，更有许许多多衣衫褴褛、肌瘦面黄的儿童流落街头，擦鞋、卖报、沿街乞讨。面对日益严重的难民形势，上海各界人士和救亡会等社会团体纷纷行动，许多知名人士带头捐款，发起募捐，普通民众积极响应，许多学生和僧侣也组成救护队开展对难民和伤兵的救助。陈鹤琴的几个子女都曾随学校到收容站为从前线撤退下来的伤病包扎伤口，看护伤员。他还将三个女儿送到受伤婴儿的收容站，里面大都是几个月到一岁多的婴儿。日机轰炸时，母亲伏在孩子们身上或抱住孩子，不惜牺牲自己。许多婴儿全身瑟瑟发抖，有的伤口化脓，室内弥漫着熏呛刺鼻的气味。陈家三姊妹被安排协助护理人员为婴儿喂奶、换药、洗澡、洗尿布，一直干了一个多月。她们还将自己的零用钱拿出来给婴儿买玩具。在陈宅的客厅里，摆上几张小桌子和一块黑板，办了一个街童识字班，来学习的都是附近弄堂里失学或流浪的儿童，年仅10岁的三女儿秀云当起了"小先生"。父亲对女儿们说："你们虽然年纪小，但也能为抗战出一份力。"

战争开始后，在上海市区有许多救济机构对难民实施收容和救济，陈鹤琴被推举为上海市慈善团体联合救灾会（简称"慈联会"）难民教育委员会主任，与赵朴初、刘湛恩、黄定慧、陈望道、陈远善等知名人士一道投入救济难民工作；同时，他还担任国际救济中学名誉校长，在学校里收容了大量难童。据一项统计，在"慈联会"建立的200多个难民收容所里，设有160多所难民学校或训练班，共计有2.7万多名难童受到教育。1937年秋天，陈鹤琴与黄定慧等社会知名人士发起成立了儿童保育会，由陈鹤琴任理事长。保

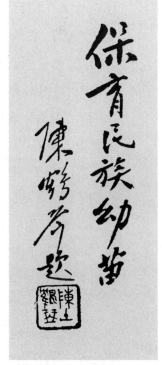

陈鹤琴为难童、报童学校题词。

育会的宗旨是："集合社会热心人士，为苦难儿童谋幸福，培养健全国民。"陈鹤琴在《大公报》撰文呼吁："民族全面战争已经发动，必须整个改革儿童教育实施方法。"

随着难民形势的日趋严峻，难民教育问题更加迫切，许多青壮年难民在收容所中无事可做。在陈鹤琴指导下，难民教育委员会迅速开展工作。一方面，对难民中6~15岁的儿童，不分性别，根据程度分班，开展教学工作，并免费提供课本和文具用品。由于难民收容所人满为患，十分拥挤，没有合适的教学场地，儿童们上课只能坐在地上或站着。陈鹤琴和难民教育委员会就出面到附近小学借教室上课；同时，他们还因地制宜组织儿童自己动手创造学习条件，如用稍大一些的装饼干的铁罐做小凳，用硬纸板放在膝盖上当桌子。在教学内容上，包括四个主要科目：读与写、常识、算术、唱歌和游戏。另一方面，他们将关注的重点放在组织难民自救方面，使之融入社会，成为对国家有用之人。对于难民中的成人，分设男班、女班，对其进行为期三个月的简单课程教育，包括课堂指导、体育锻炼、讲故事等，同时特别注重人格的训练和卫生教育。对此，委员会的专家们冥思苦想设计了很多方案，如组织难民中的妇女在商家的指导下从事绣花、织袜、织麻袋等；组织年轻力壮的男性难民组成推销队，在经过一定指导后，推销贩卖当地产品以谋生。他们还请电影公司来为难民放映有关教育和卫生的电影。此外，陈鹤琴与董任坚等发起成立了上海街童教育会，举办街童教育班，设立了街童教育图书馆。

陈鹤琴十分重视师资培训问题，他们将招聘来的失业教师集中在一起进行培训，上课地点设在基督教青年会的慕尔堂，先后举办5期训练班，每期200人，总计培训约1000人次。这些师资在接受短期训练后被分配到各收容所开展工作。每周六，陈鹤琴都会召集参与相关工作的骨干人员以聚餐形式在一起开会，听取、交流有关各收容所工作情况的汇报，讨论、布置下周的工作等。此外,他还组织教师每周定期召开教学讨论会,研究教学中的各种问题。

为使大量文盲和半文盲难民能够识字,陈鹤琴大力倡导并推动拉丁化新文字广泛普及,以注音字母替代繁琐笔画组成汉字,提高识字效率。拉丁化的新文字方案起初由在苏联的中共党员瞿秋白、吴玉章、林伯渠、萧三及苏联汉学家制定,目的是为了扫除侨居苏联的10万中国工人文盲。鲁迅、陶行知等文化、教育界知名人士曾热情支持这项文字改革运动。陈鹤琴在欧洲考察教育期间,看到在英、法等国的儿童能够读书看报的年龄普遍早于中国儿童,究其原因,他觉得汉字的繁琐笔画与同字异义阻碍了许多儿童和成人受教育的进程。他写道:

近年来,我国各种社会事业有长足的进步,大部分的人所需要的文字,不再是以前墨客骚人的文字,而是大众化的文字了。于是一般先觉的人就提倡文字上的革命,从事大众化的运动。因为汉字的难学难看难写,已为一般人所共认,近来有人设法把"汉字难"的难关打破,使它能得到大众化,因此注音符号、简体字、新文字等运动就应运而生了。这种运动唯一的目标,无非要想出一个法子来打破"汉字难"的关头,同时易于使教育普及,文盲扫除,使一般人不致因文字上的难关而阻塞知识的门径,更不使他们把一生的光阴大部分浪费在文字本身方面。因此这种运动一天扩大一天,而社会的需要也一天增加一天。[1]

有一天,华人教育处办公室来了一位叫王君恒的中年人,他是代表上海新文字研究会前来请求陈鹤琴给予支持的。他向陈鹤琴详细介绍了拉丁化新

---

[1]《陈鹤琴全集》(第6卷),江苏教育出版社2008年版,第131页。

文字的简单、易于普及等优点。在此之前，陈鹤琴曾看过《北方话写法拉丁化方案》，很感兴趣，于是当即提出，请他每天教自己一小时。经过几天学习，陈鹤琴很快基本掌握了这个方案，发现它具有科学、实用、大众化的特点。随后，他前往由新文字研究会举办的几个试教拉丁化新文字的收容所视察，自己也走上讲台亲自试教，感觉效果不错，解决了难民识字困难的问题。他亲自出面并作为保证人，请租界当局批准上海新文字研究会为合法教育团体。在此后一段时间，许多难民收容所都使用了由陈鹤琴用拉丁化新文字编写的《民众课本》。

在大约两年时间里，陈鹤琴将许多时间与精力都放在难民收容所的教学实验和拉丁化新文字的宣传推广上。不论出席什么会议，发表什么演讲，他都要谈这个问题，而且常常"即知即传人"，当场从口袋里拿出课本来教。他的热心不但影响了许多社会名流，也大大鼓舞了群众。"陈鹤琴热心提倡新文字"成为当时上海抗日救亡运动的美谈，也是"孤岛"的重要文教新闻之一。

与陈鹤琴一同大力提倡、推广拉丁化新文字的还有陈望道、赵朴初、刘湛恩、胡愈之、韦悫（捧丹）等人。1938年3月，在上海新文字研究会举办的第一次难民新文字读写成绩表演会上，陈鹤琴和陈望道发表了热情洋溢的讲话，来自各收容所和难童学校的学生们用新文字现场表演阅读和书写。表演结束，陈鹤琴邀请陈望道上台为每位表演者颁发一枚徽章。徽章由陈鹤琴亲自设计，圆形中间是一把象征开启知识之门的钥匙，钥匙上下分两行写有"扫除文盲"四个汉字，周围是一圈拉丁化新文字和汉字对照的文字——"我能看书写字"。

有一位名叫邢渥真的难民给陈鹤琴写了一封信：

陈鹤琴设计的"扫除文盲"徽章。

鹤琴先生，我是本所的一个难民，没有机会拜会你，昨天读过你的民众课本，才知道你是研究新文字的学者，而且很热烈地提倡新文字教育。因此给你写这封信，请你看一下。

我从前不认识新文字，从去年在正大收容所请朱先生教了一星期，我因为求知识心切，不分日夜地研究，所以不到十天就能看书、写信、作文章。我又用即知即传的方法教不识字的难友，他们也很有兴趣。不过本所学新文字的班次很多，课本还不够，希望你继续努力，你的教育工作，使在这孤岛里面的文盲都叫你是救星呢！

很快，陈鹤琴找到了写这封信的邢渥真，将他带到了世界书局在大西洋西餐社举行的宴会上，向在座的作家、编辑数十人介绍邢渥真学习新文字的成绩，并请其现场表演。还有一次，陈鹤琴在八仙桥附近银行俱乐部由心理学会举办的活动中，当场做实验，请两个学习过三周新文字的儿童现场表演，其中一个儿童能够将陈鹤琴的话很快用新文字写出来，另一个儿童看了这些文字后便能准确无误地读出来，并且完全明白意思。此外，还有一个只学了两周新文字的儿童，已经能够阅读用新文字编写的《阿Q正传》。与会者十余人，其中有沪江大学校长刘湛恩，前燕京大学神学院院长、教育家刘廷芳和教育家韦悫等。会后，刘廷芳对陈鹤琴说："从前我不是对你说'对新文字我要反对到底'，今天我看了表演之后，改变我的态度。我的态度是这样的：我不反对，也不反对赞成。"陈鹤琴听后受到鼓舞，更加坚信新文字对扫除文盲的功效。

从1938年5月起，上海的难民收容所即开展拉丁化新文字教学实验，国际救济会难民教育股成立了新文字组，并发布由陈鹤琴起草的《收容所新文字教育草案》，随即还举行了各收容所的第一次新文字总考试。为使学会拉丁化新文字的难胞有读物可读，陈鹤琴亲自编写了两册新文字课本，改编出版了名著《穷儿苦狗记》（又名《弗兰德斯的狗》）和《岳飞》、《花木兰》、《爱迪生》、《林肯》等14种以拉丁化新文字和汉字对照排版、以连环画形式编辑的中外历史名人故事。此外，由陈鹤琴、陈选善共同主编《小学自然故事》丛书共40册，由工部局小学各科教师撰写；由陈鹤琴与朱泽甫共同主编《中国历史故事丛刊》共40册，其中有《大禹治水》、《卧薪尝胆》等篇章，以介绍中华民族悠久的历史和民族英雄等爱国主义教育的内容。两套丛书出版后，受到教育界的欢迎。陈鹤琴还曾写过一首《中国统一歌》，歌词云："我们要爱中国！要爱同胞！同胞幸福！中国兴隆！民族光荣！"

20世纪30年代由陈鹤琴与陈选善主编的《小学自然故事》丛书（全套共40册，这是其中的一部分）。

20世纪30年代由陈鹤琴与朱泽甫主编的《中国历史故事丛刊》（全套共40册，这是其中的一部分）。

星期聚餐会

随着日军步步紧逼,公共租界与法租界逐渐被沦陷区包围,成为"孤岛",上海各界社会名流遂发起了星期聚餐会,讨论时局,互通信息,联络感情。聚餐会的组织者经常邀请八路军驻沪办事处的代表与会,介绍战局进展,分析"孤岛"形势,宣传中国共产党关于组成抗日统一战线的主张。聚餐会分为"星四"、"星二"和"星六"聚餐会,参加者主要是工商、金融、宗教、社会、文化、教育界的知名人士,参加者可以自由发言,各抒己见。八路军驻沪办事处(简称"八办")代表刘少文向与会的各界人士通报共产党的主张与八路军、新四军的战绩,其中讲到皖南和苏北新四军受到当局封锁,在医药和给养等方面遇到很多困难。会后,上海各界发起"节约救难运动",向社会劝募寒衣,积极筹措医药和物资,并委托各银行代收节约救难捐款。他们还发售纪念章,每日登报公布所得,造成声势。所收到捐款、物资部分交上海难民协会救济难民,更多的则通过"八办"安排的渠道送往苏北新四军控制的地区。当时领销纪念章最多的是"星二聚餐会",陈鹤琴是成员之一。参加这些活动的知名人士包括吴耀宗、郑振铎、严景耀、雷洁琼、王任叔、沈体兰、张宗麟等。陈鹤琴还参加了由部分在沪文教界知名人士组成的对外不公开的组织"民社"。

有一天,公开身份为"慈联会"收容股教育组组长、前上海《新闻夜报》战地记者、中共上海地下党教委党团书记朱启銮,通过赵朴初介绍,前往拜访工部局华人教育处正、副处长陈鹤琴和陈选善,向他们请教有关难民教育的问题,并参加了由他们在国际大厦主持召开的会议。在朱启銮的记忆里,陈鹤琴彬彬有礼、诚恳坦率、平易近人、和蔼可亲，乐于探讨问题。当时，陈鹤琴主动提出聘请真实身份均为中共上海地下党教委负责人的朱启銮和周新民（周克）、丁佩瑜、杨昌镛（杨海纹）、吴宝龄五位难民教育委员会干事为工部局华人教育处义务巡视员，从而为中共地下党在难民工作方面打开局面创造了有利条件。尽管当时陈鹤琴并不了解他们的真实身份和所肩负的任务，但这些年轻人吃苦耐劳、坚忍不拔、富有朝气的工作热情和他们所发挥的骨干作用，使他深受感动。此时，陶行知前往国外宣传抗日，他的许多学生都聚集到了陈鹤琴周围，在他们中间许多人都是共产党员和进步青年。

随着战争的不断推进，西方国家政府对日采取妥协政策，租界当局为表示中立，收紧对租界内抗日团体及其动员、宣传活动的限制，时常会有许多爱国团体成员被以"宣传、煽动、激进、鼓吹抗日"等名义拘捕。由于陈鹤琴在工部局的高级华人职员身份及其影响，因而经常会有人找到他希望帮忙营救被捕人士。1937年12月底，主要由生活教育社成员组成的上海战时教育服务团的几位成员被成都路巡捕房拘捕，服务团负责人方与严向陈鹤琴告急，陈鹤琴遂以华人教育处处长名义，疏通各种关系，将被捕的青年保释出来。

1938年夏天，青年编辑邢舜田在公共租界被拘捕，经陈鹤琴多方奔走，终于将其营救出来。当邢舜田前去向陈鹤琴致谢时，陈鹤琴以长者对晚辈亲切关怀的语气说："现在上海的环境跟以前不同了，如果再发生意外就难办了。以后就跟着我工作吧。"从那以后，邢舜田跟随陈鹤琴，成为他的主要助手之一。不久，方与严也被巡捕房拘捕，经陈鹤琴积极营救，终于获释。有一天，陈鹤琴在办公室接待来自新文字研究会的年轻人。来人说，研究会在宁波路一个弄堂租住的亭子间被巡捕房贴了封条，并带走了两个人，希望陈鹤琴能帮助营救。陈鹤琴几经努力，终于有了消息。过了几天，工部局一个英国负责人把被捕的两人找来谈话，陈鹤琴也在场。陈鹤琴对英国人说："这些青年人为教育难民做一些工作是很不容易的。"那个英国人问："那么你们为什么要教这种文字?"被捕的人回答:"可以很快识字,扫除文盲。"英国人又问:"你们知道吗,这种文字是宣传共产主义的?在租界里不准宣传共产主义!"坐在一旁的陈鹤琴哈哈笑了起来。英国人奇怪地问:"陈先生你为何发笑啊?"陈鹤琴回答:"任何文字都是一种工具,谁都可以用。先生当然了解,马克思的许多著作不是用贵国的英文出版的吗?那么英文能够说是宣传共产主义吗?"英国人的脸涨得通红,无言以对。后来,陈鹤琴几经周旋,这两个年轻人才获得释放。陈鹤琴嘱咐他们:"要注意工作方法,不要太心急。"

1939年2月,知名人士吴大琨在前往皖南慰问新四军的回程途中遭国民党特务逮捕,随即被押往江西上饶。这一消息传回上海,人们焦虑万分,四处奔走无果。皖南事变后,陈鹤琴打听到了他的下落,便通过熟人关系,几经努力,终于营救成功。

事实上,在陈鹤琴的周围不乏共产党员和进步青年。他的助手、学生张宗麟在1927年就加入了中国共产党;他最钟爱并寄予厚望的长子陈一鸣积极参加爱国学生运动,并担任上海市学生界救亡协会宣传干事,后来又加入了中国共产党。当时,陶行知的学生方与严、孙铭勋、朱泽甫等人经常来陈宅拜访,有时还在陈宅留宿,他们都是地下党员或进步教师,受到陈鹤琴和夫人的保护与热情接待。

陈鹤琴还曾支持由"慈联会"赵朴初提议,以培养难童一技之长,谋取生活出路为名举办的无线电报务员训练班。从各难民收容所中挑选表现较好的又具有相当于小学毕业文化程度的难童,经考试合格后成为学员,对其进行为期两个多月的紧张训练。第一批15名能熟练掌握收发报技术的学员由"八办"陆续送往新四军工作;紧接着又办了第二期,"八办"派了电讯专家任技术教员,学员的技术水平有了显著提高。前后两期训练班共培养约50名学员,其中38人被送往新四军工作。

正值日本军国主义步步侵入中国，民族危机深重，广大人民奋起要求团结御侮之际，爱国的国民党元老、名书法家于右任先生于1936年5月为陈鹤琴书岳飞《满江红》词，显示了两位友人的爱国激情。

青年是灯塔

1937年9月，美国记者埃德加·斯诺从陕北来到上海。在上海各界举行的小型聚餐会上，斯诺介绍了他在西北的所见所闻，并现场展示了许多照片。当时还是17岁中学生的陈一鸣跟随父亲参加了这次活动。父亲要一鸣现场为正在发表讲话的斯诺画一张速写。斯诺停下讲话对一鸣说："别画了，送您一张照片吧！"陈鹤琴代儿子回答道："是画了送给您的！"会后，一鸣将画好的速写送给斯诺留作纪念。不久，一鸣和他的朋友们又在上海女青年会听了斯诺夫人海伦关于西北之行的报告。1938年春，《西行漫记》（又名《红星照耀中国》）出版，一时间洛阳纸贵，人们争相购买传阅。陈鹤琴与许多知名人士都收到了这本书。在上海许多大、中学校里，由学生自发成立的读书会纷纷传阅和讨论着这部书，书中所描写的毛泽东、朱德、周恩来、彭德怀、贺龙等中共领导人的传奇经历和西北红军在艰苦条件下坚持抗战的事迹，使更多人对共产党、红军有了新的了解和认识。书中的内容，回答了处在危难、黑暗中的青年们所面临的迫切问题，使身处"孤岛"上的人们看到了国家的希望、青年的前途。

1938年春，许多收容所中的难童上街卖报，儿童保育会将他们组织起来，按地区组成报童学校，鼓励他们学习文化。陈鹤琴运用自己的威望在"孤岛"上发出号召，为报童学校捐款。他还亲自为报童们联系上课地点、组织报童学校教师进修。报童学校也经常举行丰富多彩的文体活动，像组织义卖，抵制汉奸报纸等。

在陈鹤琴的倡导、推动与支持下，1938年底，收容有难民3万余人的上海慈联会所属最大的收容所——上海慈愿难民收容所,创办了一所儿童玩具工场——民众工业合作社。陈鹤琴亲自指派技术指导,工人从难民中挑选,设计、生产各类玩具,产品由市内各幼儿园及小学购置使用。著名玩具设计师叶炳祥,当时只是一名26岁的青年,举家逃难来沪,生活无着,从报上看到陈鹤琴委托中华职业教育社聘请玩具设计师的启事,遂前来应聘并被录取。从此,叶炳祥与陈鹤琴结下了师生之谊。陈鹤琴认为,每一个难民收容所都是一所社会大学。难民中有工人、农民等各种职业者或无业者,能者为师,会的教人,不会的跟人学。

随着战争的推进,"孤岛"局势更加岌岌可危。日军对租界早已虎视眈眈,一些人对和平、休战还抱有幻想;有人则到处散布妥协、投降论调。租界里的景象也截然不同,一面是人心惶惶,难民遍地,民不聊生;另一面,娱乐场所依然歌舞升平。在这样的情势之下,许多有识之士纷纷行动,深入社会,宣扬、传播抗战思想和文化的火种。身处难民救济和难民教育第一线的陈鹤琴,不辞辛劳,大声疾呼,号召人们团结起来、改造社会、追求光明。

1938年10月16日,陈鹤琴应邀在中华职业补习学校与苏民初级职业学校举办的星期学术讲座上发表演讲,题目为《在孤岛上怎样做个好青年》。在演讲中,他列举了西北、西南的青年在艰苦条件下所表现出的牺牲、奋斗精神,号召"孤岛"青年们以他们为榜样,要做社会的榜样和时代的灯塔,不但自己要学好做好,不受恶环境的诱惑,并且要有坚定的意志,正确的中心思想,要用团体的力量来造就好的势力,推动社会进步,消除社会上的恶势力。我们每个人都要有做一座灯塔的信心,发放光明,照见自己的前途,同时又照耀他人,照耀社会,造成光明的世界。"外国人说我同胞没有团结力,叫做'一盘散沙',殊不知沙子里的石英,加以熔炼便为最有用的玻璃,可以造望远镜、显微镜等高度的文明器物。我们青年正像沙子里的石英,联结起来便有无限的力量。"[1]

1939年6月,由陈鹤琴、陈选善、朱泽甫等人发起的上海成人义务教育促进会成立。该会以"扫除文盲,促进成人教育"为宗旨,开办成人义务教育学校,传授文化知识和生产自救技能。该会邀请基督教青年会、中华职教社和工商界知名人士组成理事会。陈鹤琴被推举为理事长。朱泽甫的真实身份是中共上海地下党教委的成员,专门负责联系并协助陈鹤琴工作。地下党还派出党员在成人义务教育促进会所办的学校担任教师工作。学校招收16岁以上男女学生,以工厂工人为主要对象,同时招收失学青年和家庭妇女,以及处于被践踏、被轻视社会地位的舞厅舞女。课程内容有国语、算术、唱歌,也举

成人义务教育学校学生在上课。

[1]《陈鹤琴全集》(第6卷),江苏教育出版社2008年版,第236页。

行周会。上课时间依据具体情况，分别定在晚上及早晨。每学期只收书籍费两角，免收学费。学校选用由陈鹤琴主编的《民众课本》和教师根据教学实践集体编写的教材进行教学。此外，由陈鹤琴编写的其他一些拉丁化新文字课本也是重要的学习内容。学校的音乐课则使用聂耳编的《大众歌声》和冼星海的抗战歌曲作为教学内容。与此同时，学校还开办师资训练班，陈鹤琴、陈选善、俞庆棠等亲自登台授课。当时，成人义务教育促进会在全市各区先后办起了10所夜校，共办5期，学员达5000名左右，成为"孤岛"上重要的劳工文化教育阵地。

租界成为"孤岛"后，日本和汪伪特务活动十分猖獗，一些进步人士遭到暗杀或威胁。陈鹤琴也因积极参加难民救济和抗日救亡工作而受到日伪特务嫉恨，被列入暗杀名单。他曾接到过装有子弹的威胁信件，心里做好了最坏的准备。他不得不蓄起胡须，穿起长衫，出门时格外小心，有时还化装成商人，躲避跟踪，以防不测。

估计到日本人占领上海，甚至进入租界后也会像他们在东北的殖民一样，强迫学校教日语，陈鹤琴与陈望道等用"中国语文教育学会"的名义发起，于1939年11月中旬在上海南京路大新百货公司五楼举办了一个大规模的中国语文展览会。展览会的会场占用了整整一层楼，陈列着汉字改革和拉丁化新文字的教学成果。陈望道特地为展览会撰写《中国拼音文字的演讲》，作为会刊在会场里散发。十天的展期，上海各大、中学校的师生纷纷前往参观，展览会获得圆满成功。

1939年10月初的一天，陈鹤琴得到消息，特务准备对他下手。在家人和周围朋友的力劝下，他决定离开上海前往宁波暂避。临行前，他找来第二难童小学校长李瑞华，请她接手儿童保育院的工作。陈鹤琴的脸上带着少许愁容，但依然温和、缓慢地说道："我就要离开上海了……"然后，他将保育院的工作逐一交代，如同"托孤"一般。

1939年从"孤岛"撤退时的陈鹤琴。

在临上船前，他对助手叮嘱道："孤岛不能久留，我今日将赴宁波转内地，继续搞抗日救亡工作。现在日寇虽然猖狂，但最后必将灭亡，你要把社里（指民众工业合作社）的机械设备保管好，待抗战胜利后，我们要继续幼教玩具生产。"

在宁波，陈鹤琴在友人家中暂住。十多天后，他觉得情势稍缓，打算尽早回沪处理手头积下的许多事情。这时，从上海传来消息，特务闯进了他的寓所，挨屋搜查，毫无收获，临离开前，领头的特务还向天花板开了三枪。陈鹤琴意识到，上海肯定是回不去了。于是，他在宁波青年会住了下来，深居简出，开始写作自传。

在一个风雪交加的下午，一位名叫杨怀的青年，因为带的路费太少，借宿在青年会旅馆过道中。大约晚上9时，服务员叫他去一个房间见一位先生。先生详细询问他来宁波的原因与经过，并拿出了10元钱送给他做路费。第二天清早，杨怀准备上路，服务员告诉他，这位先生还委托一位同路去内地的成年人，沿途照顾他。杨怀方才得知，这位先生就是陈鹤琴。

1940年2月，陈鹤琴转往大后方办学。

七　"活教育"诞生

　　创立于20世纪40年代初的"活教育"学说是陈鹤琴教育思想的结晶与升华。"活教育"强调教育的目标是"做人，做中国人，做现代中国人"；主张从自然与社会环境中汲取营养；重视实践，提倡"做中学，做中教，做中求进步"。"活教育"体现出科学性、实践性与体系化的特征，从而为教育注入了新的活力。在"新教育"看来，传统教育注重知识的传授，以教师为中心，而"活教育"注重"人"的存在与价值，培养儿童适应环境、控制环境、利用环境的能力，强调"做人，做中国人，做现代中国人"对于推动社会进步的重要性。与此同时，中国需要建立符合国情、科学化、大众化的教育理论体系，包括明确的教育目标、科学的课程体系与学习方法。陈鹤琴怀着坚定信念，历经种种困难与挫折，力求探索出一条教育的新路。他的奋斗与努力被载入中国现代教育发展史册，为后人留下了宝贵财富。

陈鹤琴与师生在江西幼师新开辟的大路上合影。

松林中诞生的学校

1940年2月，陈鹤琴到达江西省的临时省会泰和。他在那里只停留了一天，与省政府主席熊式辉见面，了解大后方的教育情况。次日，陈鹤琴搭飞机前往重庆。到达重庆后，他很快就来到位于合川县草街乡凤凰山古圣寺的育才学校，与陶行知见面，并详细考察了育才学校的种种设施和教学方法、计划等。这是自陶行知于1936年担任国民外交使节远赴欧美宣传抗日，开展募款活动以来，两位老友的再次相聚。

育才学校创建于1939年7月20日，是陶行知从国外归来后进行的又一项"创造"。该校的培养方针为：引导学生团结起来做追求真理的小学生，做自觉觉人的小先生，做手脑双挥的小工人，做反抗侵略的小战士。陈鹤琴深深为老友在艰苦条件下办学，百折不挠、不弃不舍的精神所感染。他称赞陶行知是"天才和多灾多难儿童的保姆"。育才学校的成功坚定了陈鹤琴创办幼稚师范学校的信心。

在重庆期间，时任国民政府教育部部长的陈立夫与陈鹤琴会面。会面结束时，陈立夫要陈鹤琴在渝小住几日等待进一步的消息。几天后，陈鹤琴得悉，教育部希望他前去主持正在筹备中的教育部国民教育委员会，并对外发布陈鹤琴为该委员会常务委员。这时，陈鹤琴收到江西方面发来的电报，催促去赣办学事宜。电文中称他"富贵不能淫，贫贱不能移，威武不能屈"。就陈鹤琴自己而言，创办一所师范学校是他长期以来的愿望，他深知师资对于教育的重要性，过去一直没有条件实现这个愿望。在"做官"与"做事"二者之间，他毅然选择了后者。

文江是泰和县城附近的一个小村庄，原名文岗，因在江西方言中"岗"与"江"同音，故外来人将其改称"文江"。陈鹤琴经过多地查勘，最后选择文江作为幼稚师范学校的办学地点，一方面的原因是，这里地广人稀，在村庄附近有一座不很高的山岭，当地人称其为大岭山，政府划了340亩地用于建筑校舍；另一方面的原因是，文江村距省政府所在地上田村不过5公里路程，省教育厅也在上田村办公，工作联系较方便。按照教育厅的建议，陈鹤琴首先在当地建了一所小学，定名为江西省立南昌实验小学分校，主要用于解决政府行政机关人员子女上学和当地老百姓子女接受教育的问题，同时也为创办幼师打下基础。在开学当日清晨，有一个妇女左手提着一张板凳，右手牵着一个白白胖胖的小孩来到学校，陈鹤琴立即迎上前去问道："这个小朋友是来上学的吗？"妇女答道："是的！"陈鹤琴将他们让进礼堂。过了一会儿，又有许多家长带着自己的孩子陆续来到学校，每个人都自带小椅子或小凳子，陈鹤琴数了数，有30多个小学生，他心里感到很高兴。

良师伴侣

陈鹤琴

1942年，陈鹤琴去重庆途经桂林，应邀作学术演讲介绍"活教育"，并为戴自俺、孙怀琮、陈啸天编著的《国民教师手册》一书校订并题词。

在开学典礼上，他对全校师生说："你们今天到这里来，不是来读死书的，我们来创造一个新世界。这所学校不像一个普通的学校，你们的课桌椅子还没有做好，除了墙上的几张照片之外，就只有墙上挂着的锄头和铲子，这些就是我们创造世界的好工具。"他给大家讲了英国探险家鲁滨孙开辟荒岛的故事，然后他说道，"小朋友们，你们要做鲁滨逊吗？他会用双手，他会用头脑，他会用眼睛，他会用耳朵；双手会动，头脑会想，眼睛会看，耳朵会听，这样才能战胜我们的敌人，保卫我们的国家，创造我们的世界！"

开学典礼后，12个岁数稍大的学生上了第一课——"披荆斩棘"，小学生们扛着锄头、铲子跑向树林，铲土锄地，拔草填坑，很快就开辟出一片平地。陈鹤琴高声对大家说："小朋友们，我们来唱歌吧！有谁会唱《锄头舞歌》吗？"好几位小学生举起手。这首歌是陶行知先生写的词，当年在晓庄师范人人会唱，陈鹤琴自己也很喜欢。唱罢一曲，大家意犹未尽，又唱起了《义勇军进行曲》。

下午，每一个学生都坐在自己带的小凳上，用一块木板放在大腿上当课桌，埋头写作文。作文的内容是，结合鲁滨逊开荒的故事和上午的"披荆斩棘"写一篇感想。教师从所有作文中挑出一篇抄在黑板上，请全体学生共同订正。就这样，一所活的林间学校诞生了。

然而，幼师筹备工作进展得并不顺利。陈鹤琴向江西省政府上报的幼师开办经费预算为6.5万元，但提交省务会议讨论后却被核减至2.5万元，这使陈鹤琴有些为难。但他仍然决心坚持办下去，而且还要以最少的钱来办最好的学校。他有时会在夜里独自一人上山，观夜色，听松涛，其情其景恍如梦境。他完全被眼前的景色所陶醉。在他的脑子里，房子的式样怎样，什么地方建筑怎样的房子，什么地方修路，什么地方应该整成平地，林林总总都像诗行或五线谱上的乐符，跳跃着，律动着，他感觉自己好像鲁宾逊开辟荒岛一样，正在做着一项伟大的事情——将凄凉的荒山开辟成一个乐园。

在陈鹤琴的心中，已有了一幅宏伟的蓝图：在青翠的山野之间，一座座校舍点缀其中；有一座大礼堂，可用来集会，可用来做雨中操场，还可以用来做食堂；有一排行政用房，包括办公室、阅览室，还有诊疗室、病房、厨房、厕所、浴室。除了师范本部校舍之外，还要附设一所小学和一个幼儿园……

这时的陈鹤琴已年近半百，但仍精神饱满，情绪高涨，成日里忙忙碌碌，跑前跑后。他一直希望自己也能像当年布克·华盛顿创办塔斯凯基黑人学校和陶行知创办晓庄师范那样，亲手创办一所幼稚师范学校，实现自己的理想。在他的脑海里，浮现出了一头可爱的小狮子，在葱翠的松林中昂首长啸。幼师——幼狮！

1940年6月中旬的一天，陈鹤琴随负责采购木料的工人到赣江边上马家洲、白土街两处采办木料。在谈生意方面，陈鹤琴是个十足的外行，对于木材质量、规格、计量方法等更是一窍不通。于是，他只有向木材行老板诚恳请教。木材的运输也是难题，南方多雨，道路泥泞，加上缺乏车辆，可谓是困难重重。学校的建设也因此断断续续。

过了一段时间，幼师终于现出了雏形。在校区，教学区与宿舍区彼此呼应，每幢小楼造型各具特色、精巧美观；教学楼用陈鹤琴最崇拜的中外教育家的名字命名；附小和幼稚园单独建在一片坡地上的树林中间，共有六个大房间和两个小房间。在校园设计上，陈鹤琴十分强调房子之间的相互联系，宿舍要与厕所、厨房相近；办公室要和教室相连；礼堂要建在校园的中心位置。教室要有足够的空间；每间教室的窗子一定要大，并都应开在左面，即所谓"单面光"，这样，学生写字时，光线就不至于被遮挡；教室内的空气一定要流通。学校里盖有两幢宿舍，在每间寝室里又隔出前后两个小间，前面一间用做教员寝室，这样可以随时督导；后面一间作为储藏室，用来供学生存放衣箱杂物。陈鹤琴为学校的音乐室和山坡上一座古色古香的小亭子分别取了好听的名字：音乐室叫"鸣琴馆"；小亭子叫"放鹤亭"。此外校园里还有供课后休息、散步的桃花坞等等。每到重阳节，陈鹤琴就带领师生一道登山，极目远眺，农舍、公路和远处苍翠的山峦尽收眼底，令人心旷神怡。

有一天，陈鹤琴跟着当地老表上山寻找水源。他们发现有一条涓涓细流从山上流下来，就溯流而上，果然发现有一汪清清的潭水，潭的上面没见再有流水。于是他们判断，潭中一定有泉源。次日清晨，陈鹤琴带领探水队再次上山。他们沿着溪流爬上山头，又下到山坳，找到水潭。然后就请民工在潭的四周挖掘，挖到右上角看见土中现出湿痕，沿着湿痕继续挖掘，越向深处挖泥土越湿，水开始渗出，随即挖到一个洞，水流似蛟龙一般从洞中流出来。陈鹤琴兴奋地喊叫："一条水龙出来了！一条水龙出来了！"民工又从左面向下挖，又挖出一个大洞，洞口被一块大石挡住，旁边长满了青苔。人们将洞口周围清除干净，陈鹤琴探身向洞中望去，看见洞壁上又有湿痕，马上意

1940年，陈鹤琴在江西
泰和大岭山"双龙泉"前。

识到："这里又有一条水龙！"遂即把洞口的土清掉，一股水流从两块石头之间流淌出来。大家都非常高兴，陈鹤琴顺口将此处命名为"双龙泉"。然后，他们用竹子连接成水管，将泉水引下山，供村民和学校使用，大家戏称"抗战自来水"。

筑路，是一件花费了陈鹤琴很多心思的大事情。山地起伏不平，杂石很多，开一条平坦的路很不容易。如何做到既少砍树，保护好山里秀美的风景，又在山林中间开辟出一条两旁松树成行的道路？陈鹤琴跑上山去望一望，又跑下山来看一看。几天后，他终于"看"出了一条干道来，从公路一直通向学校的礼堂。在干道的中段，向左右分出两条，分别通向教室和宿舍。

实习场地，也是陈鹤琴所关注的重点之一。在大岭山脚下，有一块20余亩的农田，幼师出"重资"买了下来，供学生们学习"农桑"。同时，学校为培养学生双手万能，养成勤劳的习惯，培养生产技能，达到自食其力的目的，专门准备了锄头、铁耙、锤子、锯子和筐篓、水壶等生产用具。

1940年10月1日，江西省立实验幼稚师范学校开学。开学后的第一课是劳动。师生一起筑路，编草苫盖屋顶，开荒种菜。学校里的138名学生大都是十七八岁的女孩子。在陈鹤琴和老师们的带领下，学生们发挥"小狮子"精神，干得热火朝天。山野中，清脆的歌声和富有节奏的劳动号子，此起彼伏，连绵不断。因为是特殊时期，教室和宿舍建筑不可能富丽堂皇，尽管简陋，但造型精美，尽显设计者的独具匠心。开荒筑路，松土割草，编帘搭屋，条件虽然艰苦，师生们的情绪却依然高涨。他们用自己的双手，努力创造一个新的世界！经过艰苦的奋斗，理想终于变成现实。望着眼前崭新的校舍和年轻、热情、质朴的教师、学生们，陈鹤琴难掩激动的心情。他亲自写了校歌：

幼师！幼师！美丽的幼师！松林中响的是波涛来去，山谷间流的是泉水清漪。放鹤亭、鸣琴馆是我们的新伴侣。更有那古塔斜阳、武山晚翠，陶冶我们的

陈鹤琴（左）身着工装在自己设计的房舍前。

真性灵，培养我们的热情绪。幼师，幼师，美丽的幼师！

幼师！幼师！前进的幼师！做中教，做中学，随做随习。活教材，活学生，活的教师。大自然，大社会是我们的工作室。还要有手脑并用，文武合一。建设我们的新国家，教导我们的小天使。幼师，幼师，前进的幼师！[1]

_____

[1]《陈鹤琴全集》（第6卷），江苏教育出版社2008年版，第588页。

"活教育"的诞生

1941年1月，由陈鹤琴主编的《活教育》月刊在江西出版，标志着"活教育"理论开始形成。陈鹤琴希望用"活教育"培养"活教师"与"活儿童"，集中力量改进环境，创造活社会，建设新国家。[1]

对"活教育"与"死教育"，陈鹤琴列举了十大区别，其中的三项是：

《活教育》杂志。

---

[1]《陈鹤琴全集》（第5卷），江苏教育出版社2008年版，第1页。

"活教育"：

（1）一切设施、一切活动以儿童做中心的主体，学校里一切活动差不多都是儿童的活动。

（2）教育的目的，在培养做人的态度，养成优良的习惯，发现内在的兴趣，获得求知的方法，训练人生的基本技能。

（3）一切教学，集中在"做"，做中学，做中教，做中求进步。

……

"死教育"：

（1）一切设施，一切活动，教师（包括校长）是中心是主体。学校里一切活动差不多都是教师的活动。

（2）教育的目的，在灌输许多无意义的零星知识，养成许多无关重要的零星技能。

（3）一切教学集中在"听"，教师口里讲，儿童用耳听。

……[1]

在"活教育"理念中，大自然与大社会是最主要的教材，课本作为参考资料，使学生更多获取"活知识"，即"直接的经验"；在学习科目上，要求各科混合或相互关联，内容丰富，生机勃勃；在教学方式上，强调多在户外，启发、诱导学生进行自动研讨式的学习；在教师方面，要求其和蔼可亲、衣履整洁、精神饱满、健康、富有创造力、具有教学技能、了解儿童心理。

"活教育"理论的内容可以简单概括为三大目标：做人，做中国人，做现代中国人；大自然、大社会都是活教材；做中教，做中学，做中求进步！其中"做人，做中国人，做现代中国人"被陈鹤琴解释为"终身致学的目的"与"中国教

---

[1]《陈鹤琴全集》（第5卷），江苏教育出版社2008年版，第21页。

育的唯一特点"。他将做"现代中国人"所应具备的条件概括为：第一，要有健全的身体；第二，要有建设与创造的能力；第三，要有合作的态度；第四，要有服务的精神；第五，要有世界的眼光。

像当年的晓庄师范一样，幼师的校园也没有围墙。在一条通往校园的土路上，周围是郁郁葱葱的松林。在学校入口处，放置着木制校牌，上面写着：江西省立实验幼稚师范学校；在另一条路上，两棵松树上端横悬着一块白色的大横匾，上面绘着一头充满稚气，生气勃勃的红色小狮子；校园中央竖立两块大的牌子，上面分别写着"做人，做中国人，做现代中国人"和"大自然，大社会，都是活教材"。学校编排年级的方法颇有特色，第一届参加建校的学生被编为两个班：光明级和创造级，第二届为服务级，第三届为真理级，以下分别为建设级、互助级、劳动级、力行级、清廉级，专科部则为大公级和格致级。"大公"是陈鹤琴所追求的境界，他将学校办公室称作"大公室"，用以自勉；"格致"意指"格物致知"，可解释为求知的方法。

在师生中间流传着一首《醒狮歌》，从中能够感受到陈鹤琴对于幼师未来所寄予的期待。歌中唱道："醒呀！醒呀！醒，大家一起醒。醒呀！醒呀！醒，唤起中国魂！"陈鹤琴对师生们说："每个人心中都有一只狮子。"当时人们将中国比喻为睡狮，故称国人就是睡狮之子。他曾告诉学生们："小狮子做标志有

幼师的标志是一头小狮子。

双重意义：它不仅代表我们幼师，还象征着中国幼儿。人们常把中国比做一头巨狮，只是因为近百年来巨狮沉睡了，所以遭到别人宰割。校旗上的小狮子是巨狮的后代，只要好好培养教育它，长大会成为觉醒的巨狮。"

在学校，陈鹤琴十分重视学生的仪表整洁、朴素，尽管抗战时期物资匮乏，却仍想尽一切办法使每名学生都有两件校服，一件是用黑、白两色粗棉纱混合纺织成的灰色土布（被学生戏称为"蚂蚁布"）做的旗袍；一件是用深蓝土布做的工装背带裤。由会裁剪的同学自己动手，在背带裤胸前口袋上缝上小狮子的标志，在灰色旗袍上镶上黑色花边。每个班级都选一种花作为班花，创造级是红色的小玫瑰花，光明级和服务级分别是菊花和兰花。陈鹤琴自己也穿着整齐笔挺的浅色服装，在上衣的小口袋里插着一朵小野花，满面红光、精神抖擞、和蔼可亲。

1941年3月初，人们奔走相告，过几天就是校长的五十大寿，学生自治会向各班布置任务，准备隆重庆祝。5日晚上8点，礼堂里灯火辉煌，师生们个个喜气洋洋，有说有笑，手上拿着自制的花环、花篮。庆祝会开始，师生代表分别献上祝寿词，然后大家一道高唱校歌。接下来，师生们上台表演各自的拿手节目，有歌舞、相声等，其乐融融。白天的时候，有一个班级的女孩子们商量送礼物的事，大家身上都没有钱，有人从山上捡回了一顶破旧竹笠，心灵手巧的女孩子们将采回的野花、树叶、青草插满竹笠，做成了一顶美丽的花冠。当陈鹤琴高兴地戴上这顶花冠，台下响起了学生们热烈的掌声。随后，他表演了拿手节目——《我是小兵丁》，只见他扛着拐杖，神气十足地行进；兴奋之下，他不顾五十岁年龄，居然翻起筋斗，做起"麻雀跳"。全场气氛达到高潮。晚会结束时，礼堂里又一次回荡起"祝校长生日快乐！"的歌声。

1941年11月间，陈夫人俞雅琴带着四个孩子——秀云、一飞、一心、秀兰一路颠簸，风尘仆仆从上海经香港辗转来到泰和。在孩子们的眼里，久别的父亲虽然头发已经有些花白，脸上刻下了更多的皱纹，穿着一身沾着泥土的工装，

陈鹤琴夫妇与子女在江西泰和。

但看上去，精力仍十分充沛。他带着孩子们在校区内参观，每到一处，他都会如数家珍般地娓娓道来——这里是教室，那里是宿舍、礼堂、办公室、图书馆、诊疗室、附小和幼稚园。

他带着两个儿子一飞和一心来到一间竹木结构的新屋里，墙壁上还没有抹泥，也没有粉刷。父亲对儿子说："这是我给你们安排的第一课，"他指着请来的泥瓦匠师傅，"你们好好向师傅讨教！"两个孩子跟着泥瓦匠干起活来。

1943年2月，江西省立实验幼稚师范学校改为国立幼稚师范学校，同时增设幼稚师范专科。至此，幼师已具备婴儿院、幼稚园、小学部和国民教育实验区等一整套完整的建制，建立起从初级到高级的幼稚师范教育体系。陈鹤琴将国立幼师的目标明确为：其一，研究如何充实、改进现有的师范教育和国民教育；其二，实验如何创造、完成未来的师范教育和国民教育。陈鹤琴时刻思考着这样的问题：欧美各国新教育所制定的学制、课程、方法等，都是适合各国国情的，因此欧美的师范教育，各国有各国的特点；而在中国，自己不能创立一种适合自己国情的师范教育，只是一味跟着欧美走，原因在于缺乏对师范教育的实验与研究。

幼师上课时采取开放的形式，别具一格。教室中每张课桌坐五至七名学生，其中有一名是小组长，带领大家讨论问题。教师讲完课后，学生分组讨论，由学生提出问题，教师予以启发式的回答。学生发言后，教师作进一步补充。在教材选用方面，除教科书外，还经常选用报章杂志上的文章作补充材料；有时教师还带领学生到野外和民间汲取新的营养，学习新的知识。上生物课，由教师带学生到野外寻找植物化石，认识和鉴别古生物、古植物生长的年代、地层和自然环境；学近代史，则组织学生到附近村庄走访农家等等。幼师还在校区里办了一个小实验工场和一个农场。实验工场主要做教具、玩具；农场则是为学生提供学习种植蔬菜瓜果、养鸡、养鸭、养猪的实践场所。

师生们在课余纷纷自觉到农场培土、浇水、施肥。每当举办晚会时，师生们就品尝自己的劳动果实，花生、番茄、草莓、西瓜，分享劳动带来的快乐。在陈鹤琴的办学主张中，教学与实践相结合，教学做一体；强调实践，培养学生的动手能力；重视学校附设幼稚园、工场、农场等，以为学生提供实践、实验场所；力求使教学、研究、实践体系完整。

1944年2月，陈鹤琴主持召开实验"活教育"筹划会议，与会人员包括幼专、幼师、附小、幼稚园全体教师和有关学校校长、教师及其他教育界人士。会议主要议题为"'活教育'的课程及教学实施问题"。会后成立了"活教育"课程起草委员会，制定了"五指活动"实施大纲草案。"五指活动"的内容包括：（1）儿童健康活动；（2）儿童社会活动；（3）儿童科学活动；（4）儿童艺术活动；（5）儿童文学活动。陈鹤琴形象地用人的五个手指作比喻，来说明儿童教育与儿童生活、环境相互联系、不可分割的完整性和系统性。

在学校中，陈鹤琴提倡老师要做学生的朋友、知心人。他十分关心学生，叫得出每一个学生的名字。他经常与学生们在一起劳动、谈心。由他亲自讲授的儿童心理学课程，深受欢迎。当学生遇到困难时，他总会想尽办法帮助解决，就像对待自己的子女一样。他对家乡在沦陷区的学生们深情地说道：我的家乡也在沦陷区，我和你们一样也是流亡的难民，但是我现在是幼师的校长，你们是小学教师，我们都是做儿童教育工作的，一心想着儿童，就不会有什么烦恼了。有一位名叫周懋绮的女生，婆家不准她再继续读书，声言要断绝经济支持。陈鹤琴得知后，就根据她的特长，安排她半工半读，教新生音乐课。

在幼师，除了日常作息有统一的规定外，校规中没有"禁止"或"不准"的内容，学校从未处罚过学生。对于有过失的学生，陈鹤琴从不直接批评，而会笑眯眯地用眼睛注视学生，轻声谈话、交流。他的笑容使犯错的学生感到惭愧并铭记在心。陈鹤琴曾说过："言行只是你意识中一个方面的反映，如果重新让你再做一次,你会是另外一个样子。"

有一天,陈鹤琴在通往校园的路上看见一个女学生在抹眼泪,他走上前去对她说:"你有什么难事吗?为什么在这里哭?"女学生没好意思道出读幼儿师范没有前途,想改投别的学校的真情,低着头像受了很大委屈似的小声说:"我想妈妈!"陈鹤琴轻轻拍了拍女学生的肩膀,用手指着山上一幢幢新建的校舍,和蔼地说:"同学,你看我们的学校有多美,这些房子盖得多漂亮。"女学生咬着嘴唇点点头。陈鹤琴关切地看着她,然后说道:"不要想家,我就是你们的妈妈!"过了几天,陈鹤琴在校园里又遇见了这个女学生,他走上前去亲切地对她说:"你不记得我了吗?我是你们的妈妈呀!"

逃难路上

1944年春夏之交,随着战局进一步发展,形势进一步恶化,曾经被称为最吃硬的湘桂线吃紧,位于湘赣交界的莲花、界化陇一旦失守,泰和也就危在旦夕。由前线撤下来的军队和伤兵源源不断,幼师师生成立了服务队,为路过文江村的伤兵包扎伤口,端茶送饭。在泰和的各大机关、学校纷纷撤离、疏散,教育部也将转移,许多学校就地解散,幼师和幼专也接到"撤退"的命令。陈鹤琴将全体师生召集到大礼堂开会,他一改往日笑容可掬、亲切慈祥的表情,面色凝重,他闭上眼睛半晌才开口说话:"同学们,我们将要离开我们大家同甘共苦建立起来的美好家园,迁往赣州⋯⋯"他竭力控制住自己的情绪,台下的同学有的低着头,有的在流泪。他把目光转向礼堂外面四周,回头低声地说:"我们会如何留恋这块我们自己创造出来的美丽校园⋯⋯"临离开文江前，陈鹤琴常常独自在校园的松林中和山坡上徘徊，他对这片曾经的热土恋恋不舍。

在通向赣州的公路上，挤满了撤退的人群。陈夫人带着孩子们随着学校队伍步行在逃难的人流中。他们一路艰辛，最终到达了赣州。

抵达赣州后，学校只能暂栖在赣州中学一些空置房屋和郊外天竺山一座年久失修的公园里的几间旧房里，条件十分简陋。陈鹤琴每日往来于两地之间。由于借用当地中学的校舍残破严重，陈鹤琴就带领师生自己动手设计、拼凑、改造，将本已破烂不堪的老屋改造成简易、适用的校舍。经过一段时间的不懈奔波、努力，总算将学校暂时安顿下来。陈鹤琴常常将学生们聚集到赣江边、榕树下，在大自然、大社会的新课堂里畅谈人生和教育理想。他还邀请一些知名教授、学者来学校授课。他风趣地表示："假若还有来世，我还要选择为幼教事业奋斗的道路。"

这时，学校里发生了一件意外事故。有一位名叫许邦荣的女生在赣江边洗衣时不慎坠入江中，被湍急的水流冲走。当时在旁的同学，一面下水救人，一面大声呼救，等附近的老百姓和学校师生赶到时，也都纷纷下水寻找，但始终见不到落水者的踪影。陈鹤琴得知这一消息，一下呆住了，随即赶往江边，像母亲失去爱女一般，沿江边跑来跑去，但终归无望。师生们央求村中百姓帮忙打捞尸身，但村上开出的价钱使大家束手无策，因为这时幼师的经费已然告罄，连伙食几乎都成问题。在此情况下，陈鹤琴只好将自己的私人衣物拿去抵押，又凭自己的信誉担保借来一些钱，方才与当地乡民谈妥，将落水者尸身打捞出来。这件事情使陈鹤琴感到悲恸不已。

还有这样一件事：一名女生接到家中来信，得知兄长和父亲因瘟疫相继去世，便决定乘车赶回家中。陈鹤琴闻讯赶来，十分恳切地说道："你的心情我完全可以理解，但现在不能走，你走的这条路很危险。学校里有我校长在，就有师生在，就有你们在！"女生听了校长的话留了下来。仅仅几天之后，日军就截断了这位女生原定回家的路线,女生得以免遭意外。

有一天,陈鹤琴收到女儿秀云从重庆寄来的两个月薪水。几个月前,女儿离开江西到重庆投考中央大学,准备在考试之前,先在一家幼稚园当教师。陈鹤琴夫妇收到女儿的心意感动得流下了眼泪。

1945年1月,日军再次发动赣江攻势,赣州城内一片恐慌。在赣州的许多学校都接到就地解散的命令,幼师师生也十分恐慌。学校在赣州刚安顿下来又不得不再度迁校,钱、粮和交通工具均无着落。陈鹤琴一方面耐心安抚大家的情绪,说:"我是一校之长,我就是讨饭也要带着你们一起走,决不丢下一个。"另一方面,他四处奔走,设法筹集撤退经费。他直接去了专员公署找到蒋经国,请求兑现教育部拨给幼师100万元迁校费。与当初表示欢迎幼师来赣州的态度判若两人,蒋经国的态度非常冷淡,一口回绝。谈话临结束时,蒋经国还劝说陈鹤琴将学校解散,自己带着家眷去重庆。陈鹤琴气鼓鼓地从专员公署走出,脸色十分难看。没过几天,蒋经国悄然飞离赣州,城内顿时乱成一团,曾盛传一时并享誉大后方的"新赣南"神话破灭。

为了不耽搁时间,陈鹤琴吩咐幼师队伍先行向离城15里的梅林镇进发,他自己继续拖着疲惫的身体,在空荡荡的赣州城内奔波,借钱筹粮。这时,一位名叫谷斯范的青年作家刚失去在报社的工作,身无分文,又带着家眷,想逃离赣州,但谈何容易。他设法打听到陈鹤琴的临时住处,赶到时却只见到一位守着空屋、办事员模样的中年人,他不免有些失望,便问道:"他们全走了吗?"中年人回答道:"不,陈校长还留着,他在奔走借钱,你等一会儿,他会回来的!"大约一小时后,陈鹤琴回来了,身上穿着一件半旧呢大衣。他和蔼地对谷斯范说:"不用急,随我们学校一起逃难吧!你是搞文学的,做个语文教师能胜任,就在我们学校教书怎样?"谷斯范喜出望外地答应了。陈鹤琴又问:"有家眷吗?"谷斯范回答:"才结婚不久。"陈鹤琴果断地说:"那好,回去收拾行李,带新娘子一起走,战局变化很快,一天也不能耽

蒋经国赣州旧居外景。

误!"他当即写了聘书和一封介绍信,嘱咐他马上赶到梅林镇与等在那里的幼师队伍会合。

当谷斯范带着家眷赶到梅林,幼师师生正在渡口等待校长。临时抢雇的四条渡船装满图书、仪器和师生的一部分行李,但仍有像小土山一般高的行李堆积着等待装船,还需要一条大船才能运走。师生们听说谷斯范刚刚见到过校长,就围拢上来抢着问:"校长借到钱了吗?难道银行忍心一个钱也不借?"谷斯范有点含糊其辞:"看校长神色,并不急,好像有希望。"

这时,一阵喊声传来:"船来了!船来了!……"大家跑到江边一看,果然有一条大船渐渐靠近岸来,船头上站着谷斯范在城里见到过的中年人,但陈鹤琴却不在船上。中年人告诉大家:校长为了借钱,仍然在城内奔波。这条船是校长向船舶管理委员会争取来的。由于是战时，车辆、船只等交通工具一律由当局控制，恰巧负责船只调配的管理员刚读过新出版的陈鹤琴自传《我的半生》，他受到了感染，看到站在面前头发已经斑白的教育家，脸上布满恳切神情，便一口答应再拨一条大船。

留在城内的陈鹤琴通过熟人关系好不容易从基督教青年会和圣公会借到8万块钱。恰在此时，外面突然传来国民党军队为阻挡日军进攻准备炸掉赣江大桥的消息，惶恐万分的人们喊叫着，乱作一团，纷纷拥向长途汽车站。在长途汽车站，陈鹤琴被助手们从车窗推入车内。当开往梅林的长途班车开出不久，通向梅林的赣江大桥就被炸断了。然而，在情急之中，陈鹤琴却忘掉了一件重要的事情，他的14岁的儿子一飞还在赣州城郊外的一家工厂参加劳动，直到撤离时尚未赶回。后来，一飞独自跟着逃难的人群过了赣江。半路上，他打听到幼师队伍去向，才又跟上另一队难民赶往于都。

当陈鹤琴赶到梅林镇的赣江渡口时，师生们正背着背包，伫立江边，冒雨焦急地等待出发。学校中的老人、儿童和生病的学生被安排乘装载大件行李的渡船顺江而行，陈鹤琴则随大部队背着行李沿江边的宁雩公路徒步进发。一路上，天下着雨，到处是泥泞，背负肩挑的难民络绎不绝，路面崎岖不平，随处可见倾翻的汽车、丢弃的行李与蓬头垢面的难民，有的儿童不慎失足坠入江中，大人们呼天抢地地哀号，所有的人都感到心情无比沉重。

雨越下越大，路上的泥浆厚的地方深达尺余，师生们经常停下脚步帮助陷在泥泞中的车辆推车，"行有余力"时还会向逃难的人们提供一些帮助。为防止跌滑，师生们大都换上了草鞋。因为雨伞不够用，只好两三人合打一把伞。风雨之中，寒气侵人，大家都默默地忍耐。陈鹤琴再三叮咛学生，不要离开队伍，尤其在这寒冷的风雨时节，更要特别注意御寒防病。

队伍在于都停下来休整，陈鹤琴却为经费告罄再次犯起难来。他带着教育部的汇票找到当地的银行，却不被理睬。当他两手空空回到驻地时，师生们忍不住掉下眼泪，师范部的女生更是哭作一团。陈鹤琴摆摆手说："不要哭！不要哭！"接着他又对大家说道，"我们国家多灾多难，害得老百姓受了苦。但在困难面前不能低头，不能悲观。古人说：多难兴邦。也许这正是好事情哩！"随后他又赶往县政府借米。一连去了几次，他都吃了闭门羹，最后他索性厚着脸皮待在县政府不走，才借到四担糙米。但买菜和柴火的钱仍无着落，他只好又东挪西借，勉强度过了几天。陈鹤琴心里十分酸楚，银行已经完全官僚化，只管自己发国难财，不顾人民的死活。照这样下来，中国的社会如非彻底改造，国家就不会有救。

几天后，队伍继续上路，师生们不得不在野外露宿，忍饥挨饿，个个都已疲惫不堪。有的学生连脚上穿的草鞋、布鞋也被陷在了泥泞中，只能光着脚赶路。到达宁都时，一些同学因身体不支而病倒，老师们赶忙寻医找药，设法救治。这时，天又下起了大雪，幸亏陈鹤琴事先派人打前站，在一所乡村师范学校内借了两间教室，才使师生们得以"暂栖"。屋外漫天大雪，师生们集中在一起忍受着、坚持着。这时的学校，已经到了"山穷水尽"的地步。

农历除夕一大早，陈鹤琴直接去了县政府，找税务局借到了10万块钱，又向县粮管处借到谷子20担。有一位姓李的管粮官员对陈鹤琴说："我们三年来从没有借出过粮，今天是个特例，看你老教育家头发都白了，如此为师生热心奔走，我们不忍心不借。"随后，陈鹤琴派人用借到的钱买来些打地铺用的稻草，又买了20斤猪肉和许多青菜、萝卜，大家一起准备年夜饭。师生们扒雪拾柴，捡石垒灶，用面盆当锅，灶中的树枝烧出吱吱的声音，半生不熟的猪肉飘散出诱人的香味，大家美美地吃了一顿，这是师生们自逃难以来第一次尝到肉味。有位女生因思念家乡和远方的亲人哭了起来，引得许多人伤心落泪，大家都很难受。

转移途中的幼师学生。

　　大年初一早晨，全体师生举行团拜。外面仍飘着雪花，院中地面铺了一层银白，不远处当地乡民迎请菩萨的鞭炮声响个不停。陈鹤琴对师生们讲话："我们永远不要忘记逃难中过的这个新年！""我们要保持相依为命，同舟共济的精神！即使不在患难中也要如此。"他谈到"人的改造"的重要性，要好好革一下心，国家才会有希望。接着，他谈了几点：（1）公私分明；（2）公事当自己的事做；（3）从仿造到改造，从改造到创造；（4）改造环境，服务社会；（5）失败是成功之母，多一次失败，多一次经验；（6）要准备付相当代价，没有牺牲就没有收获。他勉励大家"为幼教事业不怕受挫，坚持到底"。最后，他微笑着说："这是我送给大家的新年礼物！"

甘竹谣

饶家堡,是广昌县甘竹镇一个风光秀丽、景色宜人的小村庄。村前有一条潺潺小溪,四周层峦叠嶂,山上到处是翠竹。村中有许多简朴的农舍,充满清新的乡土气息。距村庄不远处是甘竹镇。镇上的房舍古色古香,但由于社会动荡,镇上的人口不多,到处显得空空荡荡的,很安静。转移至此的幼师师生们一下子就喜欢上了这个地方。

甘竹镇上的祠堂曾是幼师校舍。

陈鹤琴夫妇带着三个孩子住在村里"大夫第"的空闲房，每日起床后他就到住房后面的草坪上散步，或看书，或思考问题，或辅导子女学习。除了工作外，他经常到邻居家串门聊天，了解当地的风土人情和百姓的家庭生活情况，讲解抗战的道理。他还曾拿出钱来资助乡亲购买稻谷。

幼师师生分别住在各祠堂的空房内，搭木架通铺睡成长排。上课时，学生们每人只有一块木板和一把小竹椅，人坐在竹椅上，木板放在膝盖上当桌子。虽然条件十分艰苦，但大家的情绪却很高涨。周末，同学们成群结队过独木桥到河对岸的镇上买东西，到饭馆或街摊上吃上一碗米粉。幼师设师范部和专科部，师范部学生年纪稍小，专科部学生年纪稍大。专科部设在大祠堂里，大祠堂兼做教室、宿舍和食堂。经过细致周到安排，大家的情绪总算稳定了下来。此外，幼师在当地也办起了附属中学、附属小学和幼稚园。1945年3月，陈鹤琴与县政府商量，将幼师所属小学和幼稚园的一部分并入甘竹镇中心国民学校，以加强当地师资和教学力量，同时也帮助解决当地学校经费不足的困难，发展乡村教育事业。

每到幼师在露天上音乐课、体育课时，常有许多村民围观。音乐课上，风琴弹奏出悠扬悦耳的旋律，学生们又舞又跳；体育课上，学生们生龙活虎为一个球争抢得难解难分，使得村民们既感到新奇也感到兴奋。除了上课，师生们还参加修路、种菜、栽花、打扫卫生等劳动。菜园里栽种了葱头、金菜花、西红柿等引进的"洋"品种蔬菜，村民们觉得非常新鲜，眼界大开。在幼师，"活教育"被广泛应用于教学、实践和生活的各环节；"三大目标"作为最重要的办学宗旨和目的，受到全体师生的尊崇。教师"教活书，活教书，教书活"；学生"读活书，活读书，读书活"，"教学做合一"，"手脑并用"。实验精神和敬业、乐业、专业、创业的作风成为师生们的自觉行动。

当时在师生中传唱着一首《甘竹谣》，歌中唱道：

到达饶家堡后，陈鹤琴与幼师师生合影。

山清清，水泱泱，甘竹山水青，甘竹山水长；

中华儿女来四方，研究实验聚一堂。

聚一堂，喜洋洋，

学成之后再还乡呵，再还乡呵，再还乡。

再还乡，永不忘，

甘竹山水青又长！

　　饶家堡地处偏僻，村子里缺医少药，许多村民患病后得不到医治。陈鹤琴看到这个情况，一方面将学校医务室扩大，另一方面向当地的国际红十字会组织申领到许多药品，为患病的村民免费治疗。同时，学校还组织师生去驻扎在甘竹镇上的后方医院慰问伤兵；在村中开办民众夜校，每晚都有三四十名当地的中、青年参加学习，他们学习识字、写字、唱歌、打算盘；每逢传统节日，幼师还要牵头与村民一道举行联欢活动，唱歌、跳舞、演文明戏，形式多样，给山村带来了新的气象。

为使村民子女受到教育，幼师开办了一所幼稚园。陈鹤琴提出，现在是战时，这里是乡村，办幼稚园要从实际出发，因陋就简。他亲自带领有关人员四处查看适合办园的地方。当他看到校园后面有一座破戏台，就诙谐地对大家说，这座戏台也可以办幼稚园嘛! 老百姓不演戏了，你们可以用它教孩子们来演。你们看，戏台上可以做课堂，教幼儿唱歌、画画、识字、算术、做泥塑；戏台下的场地，可以上体操课，做游戏，不用怕雨淋太阳晒。这里离小学又近，教师上课、幼儿用水都很方便。听了陈鹤琴的点拨，大家茅塞顿开，幼稚园很快就在这座旧戏台上办了起来。起初，有的家长不愿送孩子入园，后来，当他们看到幼稚园的孩子知道的事情多了，聪明伶俐了，便纷纷将自己的孩子送了进来。

"拜干娘"是幼师的一个创造。为了密切同当地群众的关系，培养学生与百姓的感情，陈鹤琴引导女生们开展"拜干娘"活动。学生中有许多人来自上海、南京、湖南等地和江西省内各县，他们远离家乡，来到偏僻的广昌，加上水土不服和生理等因素，情绪波动较大，有些女生甚至常常暗自流泪。陈鹤琴在一次师生大会上说："可恨的日寇把我们逼到这么一个艰苦的境地学习，我们要挺起腰板顶着，胜利是属于我们的! 饶家堡的父老乡亲不错嘛，他们勤劳、善良、淳朴，热情支持和帮助我们，我们应入乡随俗，与民众打成一片，学会在逆境中生活。尤其是女生可以拜拜干娘嘛! 要改善条件，使自己就像在父母身边学习、生活一样……"随后，幼师有20多名女生在当地认了"干娘"，与老百姓水乳交融、亲密无间。

1945年8月，日本宣布投降，幼师师生和百姓们奔走相告，敲锣打鼓，欢庆胜利。陈鹤琴更按捺不住内心的激动，一面吩咐音乐教师谱写欢庆胜利的歌曲，一面组织师生赶写宣传标语，并连夜召开庆祝大会。幼师组织起宣传队，去四乡游行。晚上，在草场上举行了盛大的联欢会。会场里坐满了当地百姓、伤兵、镇公所的职员、警察等。村民和师生们手持火把，摇着用彩纸裁成的三角小旗，人人脸上喜气洋洋，相互拥抱道贺，有的甚至放声大哭，将心中积郁的痛苦、屈辱、委屈尽情地发泄出来。"我们可以回家了！""我们可以回家了！"师生们喊着、跳着、欢乐着，会场里一片热闹，鞭炮声噼噼啪啪响个不停。陈鹤琴大步走到台上，高声说道："父老乡亲们！今天我们召开一个破天荒的大会，庆祝我国取得抗日战争的伟大胜利！日本鬼子投降了！我们胜利了！正义战胜了邪恶！人民战胜了敌人！这是历史的必然，是成千上万的仁人志士浴血奋战的结果！……"台下的人们热烈鼓掌，全场一片欢腾，大家一起唱着、跳着。陈鹤琴将手臂高高举起，摇动着，挥舞着，从他红润的脸上，流露出无比的欣慰。

不久，陈鹤琴接到电报，应邀回上海负责接收学校的工作，他打算将幼师和幼专学生一同带走。回到上海后，他始终非常牵挂留在千里之外等待消息的200多名师生。他一直不停奔波，却未能如愿，最后只争取到当局批准将部分师生转至上海。为此，他给留在江西的师生写了一封信：

我是你们的校长，也是愿意驮着你们奔走于荒漠之间的骆驼，尽我的力，我要为你们寻找可以使你们休息、学习、工作、发展的绿洲。只要我存在一天，我对教育事业，对你们，不会有一丝一毫的懈怠，我要斗争下去的……[1]

---

[1]《陈鹤琴全集》（第6卷），江苏教育出版社2008年版，第333页。

八　黑暗与光明

　　抗战胜利后，陈鹤琴回到上海办学，致力于建设中国的新教育，继续实验、实践"活教育"学说。他期待着将幼稚园从大都市带到小都市，从城镇带到乡村，从为少数贵妇官绅服务改变成为广大农工劳苦大众服务。他号召儿童应发扬"四互"（互谅、互信、互尊、互助）精神，维护世界和平。他还创办了国内最早的特殊儿童教育机构，为我国的残疾人教育事业打下基础。在日益高涨的爱国民主运动中，他受到进步思想与自己子女的深刻影响，从对黑暗统治的不满发展到抗争，实现了从教育家到民主战士的人生转变，从而走上了通往光明的道路。

20世纪40年代陈鹤琴在上海女师。

传播"活教育"

1945年11月，陈鹤琴被上海市政府委任为上海市立幼稚师范学校校长，兼办附小及幼稚园。经过一番精心筹备，终于在12月24日挂出了上海市立幼稚师范学校校牌。

新幼师建校之初，学校师资主要来自陈鹤琴创办的江西国立幼师与国立幼专，也有在上海本地招收的优秀教师，并聘请了多位专家。学生则是在当地招收。新幼师的办学宗旨是"培养师资，实验及推行'活教育'"。训练学生的基本要求是：（1）锻炼强健身体；（2）陶冶道德品格；（3）培养民族文化；（4）充实科学知能；（5）养成勤劳习惯；（6）启发研究儿童教育之兴趣；（7）培养终生服务教育之精神。陈鹤琴希望通过新幼师能够实现自己的办学理想，即培养幼稚师范学校师资与儿童教育专门人才。不久后，学校增设幼稚师范专科，单独建制，延续了在江西创办时的名称，校名仍为国立幼稚师范专科学校。

新幼师与新幼专创办的目的有两方面：一方面，培养幼稚教育高级师资和研究人才；另一方面，"竭力提倡发动宣传，藉以建立中国幼稚教育制度及学术基础"。[1]

1947年2月，上海市立幼稚师范学校改名为上海市立女子师范学校，分设幼稚师范和普通师范两科。此前，《活教育》杂志在

---

[1]《陈鹤琴全集》（第5卷），江苏教育出版社2008年版，第125页。

1946年，陈鹤琴与幼专第二届（大公级）毕业生合影。

上海复刊。陈鹤琴一面对"活教育"学说的内容进行系统整理，另一方面，开展"活教育"教学与课程改革实验。他对教师们说，师范学校的教学与课程不仅要注重深度，而且应将重点放在学以致用方面。他为学校树立了两个信念：第一，教育的目的是教人做人；第二，要让孩子们动手，教师要接受新的教育理论并加以实施。[1]他对教师提出要求："一个优秀的教师，至少要对于所授的教材有充分的认识，同时还要具备教学上应有的技能，这样才能指导儿童去认识大自然、大社会。"[2]

陈鹤琴非常重视师范生的实习。他强调，学校课程一定要以实际需要为主，不能使学生出去了还不会上课。同时，他对于许多师范生在实习过程中的理论脱离实际现象提出批评，并将其症结归于师范教育中的"读书"

[1]《陈鹤琴全集》（第5卷），江苏教育出版社2008年版，第123页。
[2]《陈鹤琴全集》（第5卷），江苏教育出版社2008年版，第123页。

与"做"相分离。他指出,师范教育应该将教育与实习打成一片,将教学过程作为"教学做合一"的过程。"每一个师范学校,都应当附有几个教育机构,如附属小学、幼稚园、托儿所、成人补习班、妇女补习班、文化组、普教队、小先生等,使学生随时都参加于教育的活动。这样,一般所谓实习的课程,根本就是浸融在平日的生活之中,只有这样,那种走马看花、排戏演戏,或者例行公事的实习,才有彻底革除的可能。"[1]

　　陈鹤琴鼓励学生走出校门,到大自然、大社会中去学习。他认为,大自然、大社会是我们的知识宝库,是我们的活教材、活教师。他主张民众应该成为教育的主体,普及民众教育是教育工作者所应担负的责任,而在农村开办托儿所、幼稚园是将幼稚教育普及到农村最好的一种方式。暑假里,幼专部分同学先后在大场沈家楼、孟港巷、杜桥头、姚家庵等地办起了4所农忙托儿所,免费为农民家庭服务。应当地农民要求,幼专决定在大场办两所常年农村托儿所,并作为学生的实习场所。办所的土地由农民捐出,房舍由农民和师生一道动手盖,所需经费,除在幼专经费中拨出部分开办费以外,还有一些来自大家筹措的捐款,有学生义演募捐、海外华侨捐赠等。陈鹤琴亲自致函由他担任董事长的儿童福利促进会,募来一批物资。他还与张文郁捐出部分出国讲学经费。他写道:"行知先生曾经告诉我们,要大家'认定中国是个穷国,必得用穷的方法去普及穷人所需要的粗茶淡饭的教育,不用浪费的方法去普及穷人所不需要的少爷、小姐、书呆子的教育'。仅仅这几句话,道出了中国普及教育的道路与方向。"[2]1947年7月8日,大场农村托儿所开学,当地的老老少少纷纷跑来看热闹,陈鹤琴也从城里专门赶过来祝贺。他看着三间宽敞、明亮的大瓦房,天真活泼的孩子们穿戴得整整齐齐,心中有说不出

---

[1]《陈鹤琴全集》(第5卷),江苏教育出版社2008年版,第125页。
[2]《陈鹤琴全集》(第5卷),江苏教育出版社2008年版,第214页。

的喜悦,脸上露出欣慰的表情。

1948年,《活教育的教学原则》一书在上海出版。为实现"心理学具体化,教学法大众化"和推广"活教育"的目标,陈鹤琴根据自己的研究与实践经验,对"活教育"的教学原则进行整理、总结,主要内容包括"凡是儿童自己能够做的,应当让他自己去做"、"鼓励儿童去发现他自己的世界"、"注意环境,利用环境",提出"教学游戏化"、"教学故事化"、"教师教教师"、"儿童教儿童"等。他还提出了13条训导原则:(1)从小到大;(2)从人治到法治;(3)从法治到心理;(4)从对立到一体;(5)从不自觉到自觉;(6)从被动到自动;(7)从自我到互助;(8)从知到行;(9)从形式到精神;(10)从分家到合一;(11)从隔阂到联络;(12)从消极到积极;(13)从"空口说教"到"以身作则"。

陈鹤琴对于他的学生寄予厚望,他写道:

我们同学应自许是中国幼稚教育的

陈鹤琴（右一）与女儿秀云（中）在大场访问村民家庭。

播种者。

我们同学应自信是"活教育"运动的开拓者。

我们同学应自勉着永远做一个教育工作者。[1]

永远的陶行知

陈鹤琴曾经用"同志"、"同道"、"同行"等词汇形容与陶行知的亲密关系。自1914年他们同船前往美国留学相识起,到几年后他们一同在"南高师"任教,投身于新教育运动,至1946年陶行知先生逝世时,他们之间的友谊已长达32年。在此期间,陶行知与陈鹤琴密切合作,致力于建立中国化、科学化、大众化的新教育。陶行知在艰苦条件下的办学精神、改革精神与创造精神使陈鹤琴受到深深感染。

1946年4月,陶行知由重庆经南京抵达上海,原打算住在位于愚园路851号的陈鹤琴寓所,这里同时也是幼师的教师宿舍。为了安全起见,后来又决定去别处下榻。当陶行知来到陈鹤琴寓所时,老友相见,久别重逢,两人都非常高兴。他们关起房门畅谈了很久。在这次谈话中,陶行知谈到当前争取和平、民主的重要性,并介绍了自己办社会大学的想法:"大学之道,在明'民'德,在亲民,在止于人民之幸福。"陈鹤琴介绍了不久前开展"尊师运动"的情况,陶行知表示:"极好,极合时宜。"

5月12日,生活教育社上海分社在沪成立,陶行知亲自主持成立大会,郭沫若、黄炎培等到会祝贺。会上,陈鹤琴被推选为理事长。按照陶行知的提议,

---

[1]《陈鹤琴全集》(第5卷),江苏教育出版社2008年版,第125页。

由上海分社出面,筹建上海社会大学并举办生活教育社社员暑期进修班。经过两个月的筹备,暑期进修班准备就绪。

7月25日下午,报纸上刊登陶行知先生因突发脑溢血已于早晨在友人家中猝然离世的噩耗,这个消息对陈鹤琴犹如晴天霹雳。回到家后,陈鹤琴不禁号啕大哭。仅仅在十多天前,陶行知告诉陈鹤琴说,自己已经上了国民党特务暗杀的黑名单,还说自己要赶快将诗歌集编出来。

陶行知逝世后,国内各党派、各人民团体推派代表组成陶行知先生追悼会筹备委员会,主要成员是民主同盟、生活教育社、陶行知创办各学校的代表和陶行知先生的家属。陈鹤琴被推举为筹委会主任。筹委会的议事地址设在愚园路404号幼师院内。此后一段时间,郭沫若、沈钧儒、史良等许多陶行知的生前好友都经常来到幼师商议追悼会的筹备事宜。陈鹤琴还派专人将刚迁沪不久的育才学校师生接来幼师住下,帮助他们在上海开展义卖和演出活动。

10月27日上午,陶行知先生追悼大会在上海震旦大学礼堂举行,各界人士5000余人到会,陈鹤琴的儿女都参加了追悼大会。陶行知遗像悬挂在台上蓝色天幕的正中央,上面挂着一条写有"民主之魂,教育之光"八个大字的横幅,近前摆放着宋庆龄、冯玉祥、孔祥熙、孙科和美国援华会等送的花圈。在发起人名单中,中共方面有周恩来、邓颖超,国民政府方面有孙科、孔祥熙等,各政党、社会团体的许多知名人士都位列其中。原定大会执行主席为沈钧儒,因沈临时有事滞留南京,民盟负责人之一的史良连夜找到陈鹤琴,请他担任大会主席,陈鹤琴慨然应允。大会开始后,陈鹤琴作为大会主席首先致词:陶行知是伟大的人民教育家,大家以赤子之心追悼他;我们要将他未竟的志向继续担负起来;他的人格不仅是中国的,而且是世界的;他不仅是这个时代的人物,而且是万世的!

陶行知逝世后,如何将陶行知未竟的事业继续下去?在周恩来的鼓励下,方与严、陶晓光等决心继承陶行知亲手创办的事业,他们请陈鹤琴担任育

1946年陈鹤琴主持陶行知先生追悼大会。

陈鹤琴在陶行知追悼大会上致辞。

参加陶行知追悼会（前排右一为陈鹤琴）。

才学校顾问委员会主席和山海工学团校董会名誉董事长。不久后，陈鹤琴以育才学校顾问委员会主席名义与育才学校校长马侣贤联名发出《私立育才学校在沪建筑校舍充实基金设备募缘启》，为育才学校由重庆迁来上海募集经费。同时，陈鹤琴又帮助山海工学团在市教育局备案，使工学团拥有了合法身份。

　　1947年1月初的一天，在幼师校长办公室，陈鹤琴给秘书张文郁看了一封匿名信，信上画了一把匕首和三颗子弹，并歪歪斜斜地写着："陈鹤琴！你追悼陶行知！你等着吧！你的下场比陶行知更惨！"看罢信，陈鹤琴爽朗地大笑道："不管他！"

民主堡垒

　　1945年9月，刚从江西回到上海就任市教育局主任督学的陈鹤琴得知，二女儿秀焕被其就读的圣约翰大学校方开除，同时被开除的还有宁绍轮船公司经理陈已生的儿子陈震中等学生，理由是"行为不检，违反校规"。事情是这样的，抗战胜利后，由地下党组织发动学生反对圣约翰大学汉奸校长沈嗣良，秀焕与一位女同学敲响了校钟，召唤同学们行动起来。事后，学校当局对爱国学生进行报复，开除了包括秀焕在内的参与此次行动的18位学生。对此，陈鹤琴非常气愤，他以自己的教育家和圣约翰大学校友身份抗议校方的非法行径，与陈已生一道作为学生家长并联合其他学生家长组成了"被开除学生家长联合会"，广泛开展发动社会舆论工作。迫于社会压力，学校当局最终让步，10月间，秀焕等被开除学生收到了学校寄来的毕业文凭。

　　日本投降后，由圣约翰大学教育系一批即将毕业的学生创办的省吾中学，历经波折终于开学，陈鹤琴的女儿秀焕和后来的儿媳蔡怡曾都是创办人之一。实际上,这所学校创办的初衷是为了适应抗战胜利后的新局面,为新中国培养建设人才,同时也是地下党组织团结、发展进步力量的据点。学校的建立得到陈鹤琴与一批有影响的教育界人士的热情支持,陈鹤琴曾担任学校董事会董事长和校长,并为学校制定了"服务创造"的校训。他的小女儿秀兰曾在该校就读。他还担任了另一所由上海地下党组织创办的学校——华模中学的校董会主席。

麦伦中学是上海一所教会学校,该校校长、著名教育家沈体兰是陈鹤琴的挚友,陈鹤琴的三个儿子和侄子都曾在该校就读,并由此走上革命的道路。陈鹤琴十分欣赏沈体兰开明的办学方针,他经常受邀到学校作报告。后来,他的另两个儿子一飞、一心都成为这所被称为"民主堡垒"的学校的爱国学生运动骨干。

在陈鹤琴创办的上海幼师,充满民主、向上、活泼的气氛。在陈鹤琴的倡导下,学校的学生自治会组织改为"大姐姐服务团",由年纪稍大些的高年级学生帮助、辅导年纪稍小的低年级学生,在学生中广泛开展互助服务活动。蔡怡曾是中共上海地下学委女中区委派来幼师秘密从事建立党组织工作的年轻教师,她被指派对服务团进行指导。这位毕业于圣约翰大学教育系的女硕士,亲切、和蔼,见到人总是笑眯眯的,面颊现出两个浅浅的酒窝。她与学生们吃住在一起,耐心倾听学生们心中的苦闷,细心讲解做人、做事的道理,关心学生们的疾苦,在这些十几岁的女孩子面前,她既是老师,也像慈母,深受学生爱戴。在课堂上,有时蔡老师的胃病发作,她一手捂着胃部,仍坚持上课。同学们不忍,请老师去休息,蔡老师总是微笑着摇摇头。她以真诚与善良,得到了全校师生的信任与尊敬,并且成为陈鹤琴的主要助手之一。

"大姐姐服务团"举办各种时事讲座、演讲比赛、读书会、合唱等活动,开设义务小学、夜校,使校园充满活力,师生间关系融洽。同学们的服务热情高涨,热心公益,互相关爱,助人为乐,工作认真负责。学生们在蔡怡曾带领

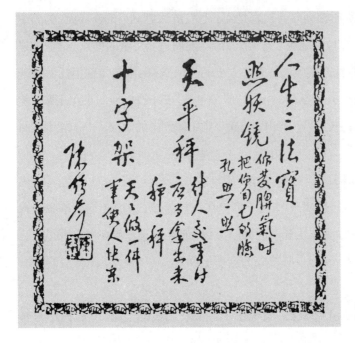

陈鹤琴著《写给青年》一书的扉页题词。

下参加由中共地下党组织的社会活动。幼师校园成为全市进步学生运动的联络点与接待站，各校代表在这里活动、开会，不计其数的宣传品由这里向社会散发。

由于时局动荡，国民党政府腐败，金融混乱，货币贬值，物价飞涨，人民生活每况愈下。一般中小学教师的生活压力愈来愈重，困苦不堪。为了缓和日益激烈的教师情绪，压制随时可能爆发的罢教风潮，国民党当局决定，由市教育局出面搞"尊师运动"，动员全社会为中小学教师募捐，并成立上海市尊师运动委员会，陈鹤琴受邀担任委员会副总干事。与此同时，中共地下党组织也决定利用这次尊师运动，进一步发动群众。

1946年4月9日"尊师运动"开始，在此后的两个多月中，上海全市159所学校，计2.5万人次学生上街开展劝募活动。陈鹤琴广泛联系、积极奔走、全力募集，得到上海市社会各界人士，尤其是文艺界、工商界的热烈响应。他们组织了上海书画家作品的义卖，又邀请京剧大师梅兰芳、周信芳等开展义演活动，共筹得当时的货币8亿元以上，全部充作中小学教师的福利款项。

6月10日，"尊师庆功联欢大会"在天蟾舞台召开。会议由陈鹤琴主持，他在讲话中说："这是历次上海学生运动中空前成功的一次，象征了学生的力量！"他宣读了由上海市学生团体联合会（简称"学团联"）起草的宣言。宣言主要包括五项内容：（1）立即停止内战；（2）减低学费，提高教育经费；（3）保障教师生活和职业；（4）救济失业同学，普及义务教育；（5）上海学生联合起来，阻止内战，维护国家一切主权。郭沫若、孙起孟、林汉达三位知名人士分别演讲。大会结束前，会场里响彻"反对内战！""争取和平、民主！"等口号声。

1946年5月，上海市校教师福利促进会成立，陈鹤琴被推举为首席顾问。他还在市校福利会主办的"新知识讲座"发表演讲；支持举办儿童夏令营和创办中国儿童剧团；担任了上海市小学教师联合进修会（简称"小教联"）顾问，经常参加活动，发表演讲。市校福利会和"小教联"都由共产党地下组织领导。陈鹤琴曾出席过有几千学生参加的和平民主集会，并担任大会主席，号召大家反饥饿、反内战，争取和平、争取民主。此外，他还担任了上海市中等教育研究会顾问等社会职务。由于这些团体的活动十分活跃，经常举办各种集会、讲座、文艺演出，使当局十分气恼，他们一再对陈鹤琴发出警告，要他"对这些团体的活动完全负责"。

陈鹤琴为上海市校教师福利促进会会歌作词：

这是我们的大家庭，
我们要：握着手，并着肩，
向新教育的大道前进。

1946年6月10日在上海天蟾舞台举行的"尊师庆功联欢大会"。

我们贡献毕生的心血，

培植下一代的主人。

我们要消灭：

饥寒、失业，落伍的威胁。

我们要发扬：

自助、人助、助人的精神。

建设民主的新中国，

是我们的责任。

为了躲避特务的耳目，儿女们经常将同学召集到自己家中，以做游戏为掩护，开会布置工作任务。三女儿秀云在中央大学参加了共产党的外围进步群众组织新民主主义青年社（简称"新青社"），开展进步学生爱国运动，有时她也带着同学回到家里商量工作。她的几位要好女同学曾在家中隐蔽多日。当时，陈鹤琴因忙于学校事务和社会活动而很少在家，陈夫人就像对待自己的子女一般，热情地招待、安排她们在家中吃饭、留宿，有时还会到院子里留意外面的情况。

陈鹤琴凭着做父亲的直觉，已经觉察到儿女们已经不再是普通学生，他们已经有了自己的信仰并有任务或使命在身，他相信儿女所选择的道路和人生目标。与此同时，他也时刻牵挂着儿女们的人身安全。事实上，在他的七个子女中，长子一鸣担任地下党学委委员，领导全市的爱国学生运动；三个女儿秀霞、秀煐、秀云和次子一飞、三子一心都先后参加了共产党的地下组织

1946年陈鹤琴夫妇与子女在上海寓所。

或外围群众组织。直到新中国成立后,陈鹤琴才清楚地知道儿女们的真实身份。当一鸣亲口告诉父亲自己是共产党员时,父亲只是说:"你为什么老早不告诉我?"一鸣回答道:"这是党的纪律所不容许的。"

为了一切儿童

1948年8月,陈鹤琴一行从上海启程,经巴黎抵达捷克斯洛伐克。此行,他是应联合国教科文组织的邀请,作为中国代表出席在捷克召开的国际儿童教育会议,并在大会上发言。行前,陈鹤琴曾打算将在我国家喻户晓的《三字经》作为儿童读物向国际教育界介绍。

参加这次大会的各国知名人士和教育家共40多人,会场设在离首都布拉格不很远的一个美丽小城——布达勃拉第,会议的主要内容是关注3岁到13岁儿童的教育问题,大会的总议题为"为建立一个全球性的社会而教育儿童"。陈鹤琴被推举主持儿童教育学专题的讨论,他提出为维护世界和平,全世界儿童应发扬互谅、互信、互尊、互助的"四互"精神。他曾讲了一个菲律宾华侨男孩用自己的微薄力量支援抗战的故事:

在全国抗日战争初期,菲律宾一个华侨的孩子,在祖国英勇的自卫战争面前感受到伟大的历史启示,他怀念祖国,希望战争结果胜利的是自己的祖国,于是他准备以实际行动来援助抗战。可是孩子的力量是有限的,虽然他已尽了最大的努力来积蓄一些金钱,但数目却细小得可怜。孩子不愿意仅以这么细小的数目来帮助祖国,于是,他想出了一个非常巧妙的办法。用自己积蓄的钱全部去买了面包,然后再拿出这些面包来义卖,一则唤起菲律宾华侨对祖国的注

1948年8月举行的联合国教科文组织世界儿童教育会议儿童教育组会场。

意，同时也借此获得更多的金钱，凑成一笔巨款，以援助受难的祖国儿童，奉献于祖国神圣的抗战。[1]

陈鹤琴一贯注重社会环境对教学活动的影响，在他看来，儿童互助活动不仅是社会活动，也是学校中一种新的教学活动。"读死书"、"教死书"的学习方式和教学方式无法适应现代社会的要求，造成教育的危机。他主张，新的教学活动应打破班级界限，冲破学校的围墙。"教育事业实际上就是社会事业，是缔造新世界的事业。肩负这个伟大工作的教师们，使命是如何的重大！"[2]

在捷克期间，陈鹤琴感受到社会主义国家对于教育的重视。他参观了

[1]《陈鹤琴全集》（第4卷），江苏教育出版社2008年版，第333页。
[2]《陈鹤琴全集》（第4卷），江苏教育出版社2008年版，第337页。

捷克中央教育研究所，了解到他们的新教育计划着重基层教育发展，不禁联想到中国尚无专门的教育研究机构，也没有切实推行基层教育。在大教育家夸美纽斯的故乡，陈鹤琴参观了当地的博物馆与图书馆。夸美纽斯提出："不应当把科学藏在学者的书里，要使知识能接近所有的人；要人人都为自己的人民而写作。"而在中国的许多城市，类似的博物馆、图书馆等设施却寥寥无几。

会议结束后，陈鹤琴取道欧洲来到美国。在为期两个月的考察期间，他的大部分时间是参观学校和教育研究机构。考察访问中，使他印象深刻的是美国社会对特殊儿童教育的重视。他说："民主国家的教育原则，就是人人要受教育，人人要尽量发展其天赋，在这个原则之下的聋哑残废，也有国家给予特殊照顾。"[1]有一次，陈鹤琴遇到一位耳聋的盲人，因为在聋哑学校受过教育，居然能与他对话。这位既听不到也看不见的残疾人只要用手摸摸陈鹤琴的嘴，便知道他在问什么，然后再用手比画着回答。陈鹤琴感到非常神奇。

他想起在美国留学时曾参观过一所聋哑学校，亲眼看到聋哑儿童学习开口说话的教学过程。在教师的指导下，儿童们先注意讲话者的口型，然后对着镜子模仿，不断改进完善。教师用这样的方法使班上的小孩子很快就能学会发音，再逐渐学会开口说话。在学校的音乐教室，女学生们正在围着钢琴学习唱歌。陈鹤琴来到钢琴旁，心中感到奇怪，为什么这些学生一面嘴里唱歌，一面围着钢琴，并将手搁在钢琴上呢？校长笑眯眯地告诉他："陈先生，他们的耳朵都是聋的。他们的手指就是他们的耳朵。钢琴一弹，琴就地颤动，他们的手指一感到颤动，便能欣赏钢琴所奏的音乐了。"

三十多年后，陈鹤琴又一次感受到发达国家对于特殊儿童教育的重视。

---

[1]《陈鹤琴全集》（第4卷），江苏教育出版社2008年版，第343页。

1948年5月陈鹤琴应邀前往菲律宾讲学，前排自左至右为陈鹤琴、晏阳初、张文郁。

而在中国，情形则大不相同，甚至都找不到有关特殊儿童的基本的官方统计数据。据陈鹤琴的估算，当时中国的特殊儿童应在2700万以上，几乎相当于比利时、奥地利、挪威、丹麦、芬兰和瑞士6个欧洲国家人口的总和。中国的特殊教育从未真正引起当局重视，反映出中国教育落后的现实。

此次欧美之行前，陈鹤琴已经开始着手筹建上海特殊儿童辅导院。起因是国民党政府社会部计划在上海这个国际性城市，建立一些福利设施，为此专门拨了一笔经费。辅导院的筹建工作开始后，陈鹤琴四处奔波，寻找校址，筹集物资，招募师资。由于社会动荡和通货膨胀，辅导院的建设迟迟不能展开，进展缓慢，而社会部拨付的款项已经远远不够建院之用，甚至到了依靠变卖援助物资来支付建筑费用的地步。到完工时，已近1948年年底。这时，南

陈鹤琴结束欧洲之行转道美国，在纽约与克伯屈教授发起教育问题双周座谈会，邀约在美国的中国教育家参加。图为他在纽约与儿女合影。

筹建中的上海特殊儿童辅导院部分师生合影。

京国民党政府已经准备撤离，社会部自顾不暇。辅导院仍然决定开始招生，先办了一个农村儿童班、一个聋哑班，以后又办了伤残班。

陈鹤琴曾举例，世界著名女教育家海伦·凯勒与著名文学家爱罗先珂都是盲人，在圣约翰大学也有盲人担任教授，说明特殊儿童是可教的，可以借助教育的力量使他们成为有用的人。陈鹤琴认为，所谓"特殊儿童教育"就是"对特殊的儿童施以有效的适当教育"；在教育过程中，要做到"因材施教，各得其宜"；"特殊儿童一定要特别分开，依据生理或心理的研究，对他们施以适合其需要的特殊教育"。[1]在他的设想中，特殊儿童的范围，应包括盲、聋、哑、肢体伤残、低能、智障儿童等。

1949年5月上海解放后，人民政府接管了上海的学校。陈鹤琴听说，外地的一些特殊学校由民政部门接管，于是他又与有关方面交涉，争取到这所特殊儿童辅导院由上海市教育局接管。他的理由是，特殊教育不是救济而是教育，是针对特殊儿童的教育。1952年，辅导院改名为上海市聋哑学校，以后又在原有基础上成立了全国唯一的聋哑人中等专业学校 —— 上海市聋哑青年技术学校。

黎明之前

1948年的上海，社会动荡不安，市场一片混乱，当局以整顿经济为名大肆敛财，不法商户囤积居奇，官员贪腐遍地，造成物价飞涨，民众怨声载道。在各学校中，教师、学生的生活水平直线下降，学校食堂的伙食越来越差，课堂教

[1]《陈鹤琴全集》（第4卷），江苏教育出版社2008年版，第316页。

学无法正常进行。在这种艰难的生活境况下，更大的灾难降临到了女师师生面前。5月的一天，深受大家爱戴的蔡怡曾老师突然被捕。消息很快传遍女师校园，同学们焦急万分，有的相拥哭泣。"大姐姐服务团"在礼堂里挂起了蔡怡曾的大幅肖像，将礼堂改称为"怀蔡堂"，每天晨会15分钟，大家列队进入，低声唱起《怀念歌》。歌中唱道："夜是多么清净，我们敬爱的老师您在哪里！您被抓走，多少人痛彻心扉！四周是茫茫黑夜，我们在悲愤里过着日子……"师生们成立了人权保障委员会，联络社会各界，公开揭露当局特务的卑劣行径。陈鹤琴更是焦急万分，想尽一切办法营救。大约五个月后，蔡怡曾终于走出了监狱大门，原本亲切、温柔、漂亮的蔡老师已变得脸色苍白、憔悴，头发干枯没有了光泽，雪白整齐的牙齿也被打掉了几颗，师生们见到这一情形，难过不已。

这段时期，陈鹤琴忧心如焚，寝食难安。他最担心情绪激动的学生们上街游行遇到危险，却又无法阻止。他只是像老妈妈一样不停地嘱咐，一遍遍地叮咛："一定要当心！""一定要当心！"他有时甚至眼含泪水劝学生们不要上街，因为他知道，这些身体瘦弱、身材矮小的女学生怎禁得起军警、特务的践踏和殴打呢！他只能在心里默默地为学生们的平安祈祷！

一天夜里，特务闯进校园指名要逮捕已上了上海高等特种刑事法庭（简称"特刑庭"）黑名单的幼专教师陈维雄、王霞量和学生曹桂英。他们先到集体宿舍带走了王霞量，又转到陈维雄住的房间扑了空，然后去学生宿舍抓了曹桂英。闻讯后，陈维雄立即转移，王、曹二人很快也被陈鹤琴设法保释出来。

杨晦教授是著名的文学家，因从事进步活动被中央大学解聘，全家落难上海，生活困难。陈鹤琴闻知后，当即要女儿去接杨先生来幼专任教，并叮嘱一定要照顾好他的夫人和孩子。有一天，杨晦接到中共地下党组织传来的消息：国民党特务要对他下手，全家必须马上转移。第二天早上，当人们发现杨教授家里已人去屋空，纷纷议论起来。陈鹤琴见此情景，马上明白了其中缘由，他从容不迫地对在场的人说："杨老师去天津看望岳母去了，向我请了假走的!"很快人群便散去。随后,陈鹤琴吩咐教务处,将已转移教师作"请假"处理,薪金照发。

一切迹象表明,女师和幼专已不再是昔日的"教育乐园",更不是曾经的"诺亚方舟",就连校方主办的大场托儿所也受到了特务的监视。在恶劣的社会环境中,"偌大的中国快要放不下一张书桌了",更何况年轻的女师、幼专与"活教育"!

灾难终于落在了陈鹤琴的头上。

1949年5月4日下午5时许,一伙特务闯进女师校长办公室,不由分说就将陈鹤琴带走。在警察局关押了一夜之后,经友人联络几位知名大学校长作保,才被释放出来。事后他才知道,此次遭难的原因是他积极支持的上海市小学教师联合进修会和上海市校教师福利促进会的活动,以及他本人在尊师运动中的表现刺痛了当局神经,他自己和女师、幼专早已成为警察局的重点监视目标。

仅仅过了五天,陈鹤琴又一次被捕。这一次被捕的原因是住在陈鹤琴家楼上的一位女体育教师与陈家共用的电话被特务监听,女教师的真实身份是中共地下党员,她与国民政府的远洋舰"重庆号"起义有关。特务在上楼抓走女教师时,闯进陈鹤琴的家中,在房间内搜出了两本进步杂志。陈鹤琴知道,这两本杂志是儿子一飞、一心带回家的,但他一口咬定这些杂志是别人送给自己的。特务搜查时,陈夫人俞雅琴用身体挡在小女儿秀兰睡觉的小房间门外,嘶哑地喊着:"这是我的小女儿!我的小女儿!"她知道,在小女儿的床下藏着两个儿子带回来的进步书刊,但她并不知道,床底下还藏有迎接解放军进城的传单、《告上海人民书》和人民解放军约法八章等宣传品。在陈夫人的竭力遮掩下,特务们方才罢手,否则后果不堪设想。

在被关押的当夜,陈鹤琴平生第一次感到了绝望,心中做好了最坏的打算。他知道,国民党政权已到了瓦解的地步,外面的特务、军警已近乎疯狂,天天都有人被杀害,关在监狱里的政治犯更是一批批被押往刑场枪决或活

1950年，陈鹤琴偕三女儿秀云与在上海解放前夕同遭国民党逮捕的难友刘任涛合影留念。

埋。他并不指望自己能够幸免。在阴森的监狱里，不时传来受刑人痛苦的叫喊，撕心裂肺。他想起了大儿子一鸣曾对他说，知名的新闻工作者邹韬奋病逝后，中共中央同意了他生前的请求，追认其为中国共产党党员。他暗自思忖，如果自己被害，希望也能被追认为中共党员。

经友人奔波营救，陈鹤琴又一次脱离险境，重获自由。他出狱的时候，身心疲惫，行走吃力，话都说不出来。在狱中，他的内心忍受了巨大的煎熬，一个儿童教育家遭受如此劫难，难道不是中国的民主和中国的教育之莫大悲哀吗？这时，陈鹤琴想起了一鸣曾给自己作过的分析：你一生在国民党统治下奋斗、办教育，也得到过一些"地位"；你也对国民党中的陈立夫、朱家骅等人表示过不满，但还是没彻底看清国民党政府的反动本质。国民党这条路是走不通的，你还是走共产党的路吧！

九　走进新中国

　　新中国建立后，陈鹤琴的人生发生了巨大转折，他一面在经受思想洗礼，一面担负起为国家培养师范人才的重任。他在努力认识与适应新时代的同时，提出要正确对待历史和前人留下的教育财富，不能照搬外国经验，而应该建设符合中国国情的社会主义教育体系。当遇到困难与挫折时，他始终保持乐观向上的态度。他将自己的教育思想比喻成"一砖一瓦"，力求为国家的教育事业尽到一份责任，表现出教育家的真诚情怀与赤子之心。

参加第一届全国政协第一次会议的教育界代表（第一排左起：汤用彤、江恒源、成仿吾、林砺儒、俞庆棠、竺可桢；第二排左起：叶圣陶、叶企孙、戴白韬、柳湜、张如心、钱俊瑞、晁哲甫；第三排左起：江隆基、杨石先、陈鹤琴、葛志成）。

教育的新生

1949年8月，陈鹤琴应南京市军管会之邀，启程北上，出任国立中央大学师范学院院长。新中国的教育事业亟待重振，师范人才缺乏，陈鹤琴感到自己的责任重大。抵达南京后，他见到了市军管会负责文教工作的徐平羽，通过接触，陈鹤琴对这位身着黄布军装，言谈举止间透着几分儒雅之气，待人谦和、充满自信的年轻干部充满好感。

陈鹤琴接掌师范学院后，根据统一安排，先后将上海国立师专、上海市立幼专等校迁来南京，着手组建当时国内高校中唯一培养幼教师资的幼教系，以及附属小学和附属幼儿园。不久，中央大学易名为南京大学。

1949年9月，陈鹤琴参加华东教育界代表团前往北平参加中华全国教育工作者代表会议筹备委员会会议，同时出席第一届全国政协第一次会议。政协会议期间，与会代表受到中共中央副主席周恩来的亲切接见。一天下午，陈鹤琴独自逛街，行至东四牌楼，在书摊上买了两本《联共〈布〉党史简明教程》，一本留给了自己，一本准备送给二儿子一飞。他在留给自己的那本书的扉页上写下了如下文字：

琴系教育界代表，得出席参加政协，实深愧感，愿竭志尽忠，为人民服务,为儿童尽瘁,以底于成。[1]

在陈鹤琴的心目中,只有共产党和新中国,才有可能实现真正意义上的新教育。他经常阅读中共领导人的著作、讲话和报章上的社论、报道,了解共产党的理论和政策方针,研究新民主主义教育的特点。他深感仅靠教育与个人的一己之力并不能改变旧中国内忧外患、民不聊生的社会现实,更不能拯救仍在死亡线上苦苦挣扎的广大儿童。联想到自己在解放前不断受到官场排挤,甚至被关进监狱的遭遇,他对共产党与新中国更加信任,对未来充满期待。

1949年9月21日至30日,中国人民政治协商会议第一届全体会议在北平中南海怀仁堂隆重举行,陈鹤琴与其他代表认真听取各项报告。大会闭幕后,全体代表受邀参加开国大典。10月1日下午,陈鹤琴随代表们一道登上天安门城楼,他感到非常激动。随后,毛泽东宣布:"中华人民共和国中央人民政府今天成立了!"雄壮的《义勇军进行曲》、冉冉

陈鹤琴的政协代表证。

---

[1]《陈鹤琴全集》(第6卷),江苏教育出版社2008年版,第407页。

在参加第一届全国政协第一次会议期间，戴白韬、俞庆棠、柳湜、陈鹤琴、葛志成等游览颐和园。

升起的五星红旗和隆隆轰响的礼炮，标志着一个新时代的开始，所有人的兴奋都达到了顶点，陈鹤琴也已热泪盈眶。他在当天的日记中写道：

听到毛主席在天安门向全世界宣告："中华人民共和国成立了！""占人类总数四分之一的中国人从此站起来了！"我站在毛主席的背后，看着他那高大的形象，听着他那洪亮的声音，不禁热泪盈眶，心潮澎湃。

1949年10月19日，陈鹤琴收到由毛泽东亲自签发的任命通知书，被任命为中央人民政府政务院文化教育委员会委员。同年11月，陈鹤琴被推选为南京市第二届各界人民代表大会代表。

1950年，陈鹤琴参加南京市职工界发明创造合理化建议庆功大会。

　　对于新中国的教育，陈鹤琴寄予厚望并充满信心。他认为，中央教育部专门设有特殊教育处，上海市也设立了负责特殊教育的专门机构，体现出中央政府对特殊教育的重视，这与官僚化十足的国民党政府所采取的冷漠态度形成了鲜明对照。他相信，在共产党领导下的新中国，也会像社会主义苏联和捷克一样，创造更多的奇迹。

　　回到南京后，陈鹤琴手头的工作千头万绪，既要忙于学院里行政、教学日常事务，还要出席教育部、华东军区和省、市及社会团体的大量会议、活动，可谓日理万机。在百忙中，他还认真学习中央下发的各种文件，掌握有关政治、文教方面的政策，并阅读了大量苏联的教育理论著作。

　　1950年6月，第一次全国高等教育会议在北京举行，周恩来总理在会上作了关于知识分子问题的报告。报告针对当时大学中部分教授等知识分子对一些"命令式"的生硬规定感到不适应，产生了不安情绪的现象，讲了一番语重心长的话，从而打消了许多学者、教授等知识分子心中存在的对新中国和共产党政策的顾虑，起到了稳定人心与鼓励、安慰的作用。陈鹤琴在大会上发言，说道："以前有人以为旧知识分子是被一脚踢开了，今天听到知识分子是宝贵的。当然，知识分子要改造，要成为有用的人才，这是肯定的。要团结、教育他们为广大人民服务，为中国建设服务。"他提出建议，"就我所知道的，在美国有许多著名的中国教授，他们之所以到国外去，是因为不愿为反动政府服务，他们大多数是爱国的知识分子。我们应该重视这些人才，号召他们回来，为新中国建设服务。"[1]

为适应新的形势，《活教育》杂志社于1950年11月召开编委会，决定将刊名改为《新儿童教育》，刊物的主旨仍然是：研究新教育思想，建设新教育理论，提供新教材教法，帮助在教育界工作的同志——主要是小学和幼稚园教师，提高他们的学习兴趣，改进他们的业务效能。

陈鹤琴确信，"活教育"反对"死教育"，适合中国现阶段的社会发展与人民大众的需要，符合时代精神，并与新民主主义教育原则相一致。其理由是，"活教育"强调教育的目的是"做人，做中国人，做世界人"（抗战胜利之后，陈鹤琴以"世界的眼光"发展了自己的教育目的观）；重视社会与自然，强调教育与生活联系，从实际出发。显然，陈鹤琴试图赋予"活教育"新的时代特征，使之能在新中国继续发挥作用。

[1]《陈鹤琴全集》（第5卷），江苏教育出版社2008年版，第224页。

洗　礼

陈鹤琴不会想到，有人竟然对陶行知先生与"生活教育"提出质疑与指责，而他自己和"活教育"也遭到口诛笔伐，甚至不给自己任何解释的机会。

新中国建立后的第一个春天，在晓庄乡村试验学校建校23周年纪念日之际，陈鹤琴和南京市委宣传部、市教育局、市园林局的领导人，以及各界代表、晓庄学校师生、附近农民、雪枫子弟学校师生等共500余人齐聚劳山脚下，在《锄头舞歌》的歌声中，举行了陶行知纪念馆的奠基仪式。

1950年6月，随着朝鲜战争的爆发，国内掀起肃清亲美、崇美、恐美思想的政治声浪。《人民教育》杂志于10月、11月分两期发表署名曹孚的文章——《杜威批判引论》，对在中国思想界、教育界曾产生极大影响的杜威实用主义哲学观点和教育理论进行深入批判。一向被视做"民主主义教育思想"的杜威学说，成为美帝国主义文化侵略的工具和反动教育思潮的标志。

1951年春，国内开展了对电影《武训传》的讨论，在一篇署名杨耳的文章《试论陶行知先生表扬"武训精神"有无积极作用》发表后，《人民日报》发表了由毛泽东亲自撰写的社论《应当重视电影〈武训传〉的讨论》。社论指出："我国文化界的思想混乱达到了何等的程度！"随着文化界对《武训传》的批判不断升温，有关部门专门组织调查组前往山东等地调查，揭发武训其人其事。教育界紧随其后，将批判的矛头指向陶行知和"生活教育"学说，一些陶行知生前的朋友、学生也纷纷站出来表明立场，检讨自己过去的观点。这场批判运动被视为新中国改造旧教育和知识分子改造运动的重要步骤之一。

与此同时，针对陈鹤琴与"活教育"的批判文章开始见诸报端。有文章将"活教育"的理论基础与杜威的学说相联系，进而说明"活教育"的资产阶级立场。起初，陈鹤琴试图进行解释，在《新儿童教育》杂志上发表文章《敬请读者们对"活教育"展开批评》，对"活教育"产生的时代背景、初衷和发展过程进行了说明。此文一出，无疑使批判者们获得了一份难得的"反面教材"，批判的火力更加猛烈，"活教育"被戴上了"杜威教育思想在中国的翻版"的帽子。

在1951年8月召开的全国初等教育及师范教育会议上，陈鹤琴被作为幼教反面典型受到了批判。有一位苏联专家，在发言中批评由陈鹤琴倡导的"单元教学"是资产阶级的、违反科学的。陈鹤琴作了解释：幼儿的生活是整个的，因此教学也是不能割裂的，这才是科学的儿童观和教育观。苏联专家又批评道：在幼儿园搞识字教育是错误的，是违反儿童身心发展规律的。陈鹤琴仍在解释：汉字与俄文不同，具有象形的特点；他曾亲自在幼儿园做实验，选择少量汉字，以游戏方式教儿童是完全可以的。

从北京回来后不久，《人民教育》发表陈鹤琴的文章《我对"活教育"的初步检讨》，并由《人民日报》转载。文中他承认自己"改良主义教育思想"和"不问政治，幻想用教育来救国拯民"的错误。为了写好这篇文章，陈鹤琴费了许多心思，还专门到北京去找过去的秘书等商量、征求意见。他试图通过学习，更多更好地掌握马克思列宁主义和新民主主义的理论、苏联的教育思想和学说，以使自己能够跟上新社会、新制度前进的步伐。

这一年夏天，为响应国家发出的抗美援朝号召，他16岁的小女儿秀兰希望参军。一天中午，二儿子一飞打来电话问妹妹参军的打算。秀兰回答："我想去，但不知道妈妈同不同意。"母亲知道了这件事后，对女儿说："我们把儿女都送给国家了，身边只剩你一个，现在解放了，你为什么还

1951年陈鹤琴夫妇送小女儿参军。

要走？"对于这个最小的女儿，陈鹤琴夫妇一直视若掌上明珠。很快，母亲想通了，说了一句："把你父亲用的航空箱带走吧！"傍晚，陈鹤琴回到家里知道了这件事，连声说："好呀！好呀！小妹妹长大了，知道报效祖国了。"秀兰参军后，陈夫人由于牵挂，夜里经常失眠，以至于要靠安眠药才能入睡。

几个月后，次子一飞被组织派到中共南京市委党校学习，父亲将自己两年前在参加政协会议期间买的《联共（布）党史简明教程》送给儿子，并在扉页上写道：

陈鹤琴给次子一飞题词。

　　一、掌握马列主义毛泽东思想，全心全意为人民服务。这应当作为你做人的指南。

　　二、大自然大社会都是活教材，所谓人人皆吾师、处处是学问。这应当作为你求学的门径。

　　三、求人不如求己，遇困难决不灰心。但须走群众路线，依靠群众。这应当作为你做事的方针。[1]

_____

[1]《陈鹤琴全集》（第6卷），江苏教育出版社2008年版，第409页。

　　1951年10月，全国政协第一届第三次会议在北京召开。会议期间，陈鹤琴受到毛泽东主席接见并进行交谈，陈鹤琴感到十分兴奋。在大会发言中，他表示要响应毛主席、周总理的号召，认真学习毛泽东思想，在革命的实践中锻炼自己、改造自己，成为一名全心全意为人民服务的教育工作者。

　　随着对"活教育"批判的升级，由教育部组织的"'活教育'调查小组"，效仿"武训历史调查团"的方法，在上海、南京、江西等地对陈鹤琴的办学实践做实地调查，并先后于1952年、1953年在《人民教育》杂志上发表了《前上海公共租界工部局西区小学调查记》、《上海幼师（女师）附小和幼稚园调查报告》和《前上海市立幼稚师范学校调查记》。调查报告的结论十分生硬："活教育"在实质上，实在是美国资产阶级实用主义儿童学派的反动教育理论的翻版，只是贴上了中文的商标而已；"活教育"思想的存在与影响，对我们人民教育事业的开展，是起着破坏作用的。还有一篇文章将陈鹤琴在江西办学说成是"粪堆上插花"等等。面对这些激烈的言辞和抨击，陈鹤琴几乎无法辩驳。他所能做的，只是不断地、反复地检讨、承认、批判自己的"错误"。他往返于北京、上海、南京三地，参加各种对自己的批判会；同时，他主动要求原《活教育》杂志编辑部人员和他的助手、学生们写批判"活教育"理论与实践以及揭发他本人的文章，许多人也都写了相关的批判文章，分别发表在《人民教育》、《新教育》等杂志上。

　　1951年9月，中央决定开展大规模的知识分子思想改造运动，几乎所有知名教授、学者等知识分子都要检讨自己的资产阶级思想，进行自我教育与改造。人们将这场"人人过关"式的政治运动形象地比喻为"洗澡"。在此期间，陈鹤琴阅读了毛泽东、刘少奇等中共领导人的著作，试图用阶级分析的方法检查自己的阶级立场与思想方法，他决心彻底卸下思想上的包袱。

　　1952年8月，陈鹤琴主动将设立在自己名下的中国最早的实验幼儿园——

私立鼓楼幼稚园,交由政府接办,改名为南京市鼓楼幼儿园。

不久,国家开始进行高校院系调整,陈鹤琴受命领导组建南京师范学院。对于身处逆境的陈鹤琴来说,这无疑是一种信任。他决心专心致志办学,为国家培养更多人才。

新中国教育的光明前景使他憧憬。

组建"南师"

南京师范学院是以南京大学师范学院、金陵大学教育系和儿童福利系为基础,将上海震旦大学托儿专修科、广州岭南大学社会福利系儿童福利组、南京师范专科学校数理班合并组建而成,院址设在原金陵女子文理学院(简称"金女大")。根据教育部的统一规划,南京师范学院的培养目标主要是中等学校师资。陈鹤琴被任命为首任院长,纵翰民、吴贻芳为副院长,高觉敷为教务长,胡颜立为总务长。

陈鹤琴深知师资力量的重要性。在学院筹建阶段,他广邀人才,除保留原南京大学师范学院和原"金女大"一批具有丰富教学经验的教师外,还从全国各地邀请了许多卓有成就、声名显赫的教授、学者前来学院任教。由于学院师资力量雄厚,吸引了大批中学毕业生慕名前来投考。不久,学院领导进行分工。学院的大政方针、教学安排和人事安排,陈鹤琴作为非党人士的院长也须执行党组织和院常务会议通过的决定,具体则分管基建、总务以及幼教系的工作。

原"金女大"校园由一座宫殿式教学大楼与林荫花径构成,被形容为"廊腰缦回,檐牙高啄"。陈鹤琴上任后,提出要保持原校区的园林式风格,

"南师"校园一角。

在他心中，师范院校就应当是一个环境优美的花园。经与市政府协商，将校园面积扩大了将近一倍，修建了新的操场、草坪、回廊和松柏大道。在设计和建造新的教学大楼过程中，陈鹤琴提出新、旧教学楼的式样应该统一，并增添一些彩画，以突出民族特色。陈鹤琴曾专门邀请著名建筑专家梁思成参与新教学大楼的设计。有一些人以节约经费为理由，提出要盖西式平顶楼房，反对"大屋顶"。在陈鹤琴的坚持下，大楼设计方案终获通过。在整个校区建设过程中，他亲自参加了从勘探地形、校舍布局设计、施工建造到设备购置等的全过程。他不肯放过任何细节，经常在下班以后到工地查看，向工人了解施工情况。如今，南京师范学院校园的建筑依然保持着庄重、堂皇的中国气派，并成为南京市区内保留完好的"风景名胜"。

陈鹤琴分管的另一项工作是学校的食堂。主管食堂的总务处处长由一位副教授担任，伙食被安排得井井有条，价廉物美，品种多样。平日里，陈鹤琴和学院其他领导经常一同来到食堂，对师生问长问短，与大家一起进餐。逢年过节，他与师生们一起联欢。在元旦晚会上，他扮成圣诞老人上台表演，把大家逗得欢乐开怀。

作为国内最知名的儿童教育专家，陈鹤琴将大量精力放在幼教系的建设与教学方面。

当时，国内幼教师资匮乏。南京师范学院幼教系是当时全国仅有的两所设有培养幼教师资系科的高等院校之一，系里的教师都具有很高的造诣，教学经验丰富。陈鹤琴领衔担任学前教育小组组长和儿童心理小组组长，负责规划和指导教学工作，他还亲自登台讲授《儿童心理学》和《教育史》课程。

在新年晚会上扮演圣诞老人。

在集会上讲话。

与师生们交谈。

每次上课前他都认真备课。他的课堂讲授生动、有趣，受到学生们的欢迎。在他的倡导下，学院先后成立了附属儿童玩具研究室、玩具工厂、幼儿园及附小，形成了教学、实验、生产"一条龙"的完整教学体系和教学、研究、生产"三结合"的幼教体制。

　　陈鹤琴非常重视幼儿园在幼教系工作中的重要性，他亲自勘察园址。当工程师完成园舍设计，将图纸送来审阅时，陈鹤琴提了两点意见：第一，学习苏联幼儿园的园舍样本，要结合中国的地理条件与气候，因此，幼儿园的走廊不必封闭，光照面积要占到教室面积的四分之一；窗户要矮，让孩子们站在窗前，可以观赏室外风景。第二，幼儿园的环境布置要做到美化、绿化、儿童化。他经常到教学楼旁边平房里的儿童玩具研究室，与技师、技工讨论玩具的设计与制作，强调玩具在教育、教学中的作用。玩具工厂生产的产品除配合教学、科研外，还销往东南亚。他们还提出了这样一个口号："玩具 —— 儿童的第一本书！"

　　然而，陈鹤琴的工作并非进行得一帆风顺，他所提出的设立教育研究室，开展对幼教的专门研究，并在改进教学方面起推动作用的计划被不明缘由地搁置下来；他建议学校师生到农村去开展社会实践活动，也被有关方面予以阻止；他曾在学院召开的常务会议上提出一份院长分工方案，却并没有引起其他与会人员的重视。为此，他感到苦恼。

　　在"全盘苏化"一边倒的大背景下，教育界迅速掀起了学习苏联教育学的热潮。中国的教育体制，甚至包括学制、教材、教法和学生的坐姿都开始呈现明显的苏联特征。许多从前受过英美教育的教授、学者在校园里不吃香了，就连在课堂上用英文授课也被取消，学习俄文成为风尚。有一天，陈鹤琴在校园里遇见一个正在埋着头结结巴巴读英语的学生，他从学生手中拿过课本，语重心长地说道："同学，外语要认真学，眼光要远一点。"许多年后，这位学生担任了领导职务，在接待外宾时感到自己英语不过关，就又想起了当年发生的这一幕。

　　对于苏联的教育理论，陈鹤琴始终抱着学习与研究的态度，他写道：

　　要改进幼儿教育，必须学习和吸收苏联的先进教育经验，但我们的民族特

与"南师"师生在农村。

性和社会环境等等，与苏联尚有所不同，事实上不能把苏联的先进经验在我国的幼儿园直接应用。如何根据苏联的先进教育理论来改进我国幼儿教育的教材教法和教具，实在是目前教育界迫切需要解决的问题。[1]

他曾告诫人们："新中国的教育史和苏维埃教育史一样，并不把过去的教育中进步的、有价值的东西抛弃，而是批判地来改造这种文化遗产。""我们决不应形式主义地吸收外国的东西，这在中国过去是吃过大亏的。"[2]

尽管"活教育"正在受到批判，陈鹤琴承受着巨大的精神压力，他却

在"南师"校园。

[1]《陈鹤琴全集》（第6卷），江苏教育出版社2008年版，第336页。
[2]《陈鹤琴全集》（第5卷），江苏教育出版社2008年版，第244页。

坚持认为,中外教育应相互融通,任何理论都必须结合国情进行重新实验,方能见效;任何先进教育理论应该适应中国国情,符合儿童的成长规律。

有一次,苏联幼儿教育专家格林娜来南京师范学院参观,陈鹤琴与她交谈。她提到幼儿园应该保持清洁卫生,培养幼儿的良好习惯,陈鹤琴不禁脱口而出:"活教育"也是这样主张的。在报告会上,苏联专家突然对坐在前排的陈鹤琴说:"这下你知道'活教育'的反动性了吧!"当翻译的话音刚落,陈鹤琴举手要求发言,他毫不客气地回敬:"其实你讲的内容与'活教育'是一致的。"顿时,女专家满脸通红。这种毫不掩饰的反应,对于一向温良谦恭,被称作"老好人"的陈鹤琴来说,是很罕见的,在场的人惊愕了。

1954年7月,陈鹤琴发表了一封公开信,题为《同学们!祖国召唤你们投考高等师范学校 —— 写给全国高中毕业同学们的一封公开信》。信中写道:

亲爱的同学们,你们是中华民族的优秀儿女,毛泽东的好学生,你们是热爱祖国、热爱人民、热爱儿童的热心青年,我相信,你们必定会响应祖国对你们投考高等师范学校的迫切号召,为培养成为光荣的人民教师而奋斗到底。[1]

---

[1]《陈鹤琴全集》(第5卷),江苏教育出版社2008年版,第237页。

向科学进军

1956年1月30日，《人民日报》在头版显要位置发表了周恩来在中共中央召开的知识分子问题会议上所作的报告。报告肯定了中国知识分子的绝大部分"已经是工人阶级的一部分"，这使许多学者、教授等知识分子感到如沐春风，终于卸下了心中的包袱。2月初，陈鹤琴在全国政协二届二次会议上作了题为《一个心愿》的发言，表达了希望加入中国共产党的心愿。他的7个子女中有6名共产党员，他提出要与正在积极要求入党的小女儿开展"竞赛"。

2月3日，毛泽东、周恩来在怀仁堂宴请全体出席政协会议的代表。陈鹤琴被安排在第一桌，与毛泽东、周恩来同席。席间，毛泽东鼓励知识分子要多到工厂、农村走马看花或下马看花；周恩来对大家说，要学到老，改造到老。陈鹤琴一直将这些话语作为自己的座右铭。

6月间，陈鹤琴针对教育部颁布的《幼儿园暂行规程（草案）》中"幼儿园不进行识字教育，并不举行测验"的规定提出质疑，他在《幼儿园应该进行识字教育吗？》一文中，认为对幼儿园大班儿童可以开始进行识字教育，并对教材和教法提出了建议。陈鹤琴认为：第一，实验证明，五六岁的儿童能唱歌、能背诵童谣、能说谜语，也能结合实际知识阅读简单的故事。第二，语言文字是发展儿童思维的重要工具，为了满足儿童求知的欲望，为了发展儿童的思维，我国幼儿园必须对大班儿童进行识字教育。第三，对儿童进行识字教育不能采取"灌输"的办法，不能采用脱离儿童知识实际的枯燥无味的材料。

1953年，陈鹤琴率江苏省和南京市各界治淮慰问团赴三河闸慰问治淮
民工、解放军战士和工作人员。图为陈鹤琴与治淮工地民工交谈。

他写道：

从教法方面来说，儿童很喜欢游戏，我们就可以通过各种游戏式的教学法，对五岁儿童进行识字教育。儿童对社会和自然环境总是发生很大的兴趣，我们就可以结合认识环境来进行识字教育。儿童对唱歌、图画、做手工，也是感到很大的兴趣，我们也可以在这些活动中找出机会来进行识字教育。儿童最爱听故事，我们就可利用图画故事来进行识字教育。[1]

陈鹤琴作为著名的儿童心理学家与教育家，将关注与研究的重点放在了

[1]《陈鹤琴全集》（第2卷），江苏教育出版社2008年版，第487页。

儿童心理发展规律在教育中的应用方面,他提出:"凡是儿童的生活现象,儿童心理学家都应予以严密的研究。"他将儿童生长阶段划分为:(1)新生婴儿时期(自出生后1月内);(2)乳儿时期(出生1个月到1岁左右);(3)步儿时期(1岁左右到3岁半左右);(4)幼儿时期(3岁半到6岁左右)。各阶段的施教方法不同,重点在于建立儿童健康身体的基础,包括优良情绪的培养。他有一个基本观点,就是幼儿期的各种教育都是非常重要的。他主张,让儿童使用自己的手脑,让儿童有自己的活动园地,发展儿童的好问心,父母、教师应以身作则。

他对幼儿园的语文教学进行研究,认为实际生活情形对于学习语言极为重要。他写道:

语言系第二信号,应有物质基础。因此学习语言,掌握语言的真理,必须从实际出发。例如要儿童学习"冷""热"这两个字,我们必须把冷的东西和热的东西与儿童相接触,若是单单叫他用耳朵听听那两个字的声音,那两个字对于他是毫无内容,不过是空洞的声音而已,一点没有用处。[1]

1956年底,在南京师范学院举行的科学讨论会上,陈鹤琴作了《从一个儿童的图画发展过程看儿童心理之发展》的学术报告,同时展出了他保存完好的一鸣从1岁到16岁期间的561张图画中的205张。这项研究是陈鹤琴在新中国建立后所取得的最重要的学术成果之一。

陈鹤琴认为,绘画是培养儿童健全人格的重要载体。绘画可以使儿童的思想、情感、品德、智慧、能力等素质得到和谐发展;可以通过教儿童欣赏画作来引发儿童学习绘画的兴趣;老师和家长要对儿童的习作经常给予

---

[1]《陈鹤琴全集》(第6卷),江苏教育出版社2008年版,第422页。

鼓励与指导。

　　一鸣是陈鹤琴一生的杰作之一，也是他最早的研究、观察对象。陈鹤琴从一鸣小的时候就开始培养儿子对美术的兴趣和能力，在他的鼓励和指点下，一鸣年幼时画过许多富有想象力的作品。9岁以后，一鸣对自然景色和人物特征、透视、比例等方面的把握能力大大进步。陈鹤琴还先后请过多位外国画家教一鸣作画，并将一鸣的一批习作送到在上海举办的国际儿童画展展出。一鸣在14岁的时候，他在素描写生、表情达意和线条技巧方面已显得比较成熟和老练。陈鹤琴将儿子的作品精心保存了下来。

陈鹤琴经常骑自行车上下班。

1955年，陈鹤琴参加"南师"春季运动会老年组竞走比赛。

　　在报告中,陈鹤琴结合自己多年的研究所得,从身体发育、心理发展、智能发展等方面说明儿童绘画对儿童成长的作用和意义。他将自己的研究目的确定为:(1)通过对一个儿童的图画作品的研究来了解其某些知觉和概念的发展情况;(2)了解一个儿童绘画学习的发展过程和阶段;(3)研究儿童绘画与其感知、认识间的关系;(4)研究儿童绘画与其生活经验和教育实践间的关系;(5)关于完形心理学派对儿童绘画看法的一些意见。

　　这时,陈鹤琴在心中产生了一个大胆设想:将已被砸烂的"活教育"捡

陈鹤琴带领教师打太极拳。

拾起来，哪怕只剩下"一砖一瓦"。他真诚相信，"活教育"终将被人们所理解。

"拔白旗"

陈鹤琴没有想到自己会再次陷入"困境"之中，没有想到局面会对他越来越不利。从1951年"活教育"受到批判，到1955年"活教育"再一次成为众矢之的，在短短几年间，他又将面临第三次冲击。

1957年秋天，学院成立劳动指挥部，陈鹤琴任总指挥。在动员大会上，他亲自登台作动员报告。有一天，正在劳动的同学们突然发现，陈鹤琴院长也来到了工地。他卷着裤腿，挽着衣袖，正拿着铁锹在装运土石。一连几天，他与同学们一样早出工晚收工，每天中午与大家一起席地而坐，嚼馒头，吃咸菜，喝白开水。有的女同学见老院长如此，流下了激动而怜惜的眼泪。劳动结束回到学校，陈鹤琴来到学生食堂，与大家一道排队买饭，然后端着饭碗轮流到各桌与同学们共餐，听取学生们对改进食堂工作的意见。每逢周末，他依旧在夫人的陪伴下，来到学院礼堂参加舞会。他的交际舞跳得很好。他常在跳舞的时候向师生们了解情况。

虽然政治空气日益紧张，但陈鹤琴仍然保持着平日里的乐观态度，他曾总结自己健康的"秘诀"："吃得下、睡得下、拉得下、放得下。"他笑着说："不管遇到什么事情，挫折、烦恼、名利、得失都应该放得下，千万不可成日忧心忡忡，自寻烦恼。"在迎新晚会上，他仍然会为大家表演他的保留节目《我是小兵丁》："我是一个小兵丁，小兵丁，扛枪打仗为人民……一、二、三、四！"场下响起欢快的笑声。在学院举行的春季教工运动会上，他参加了男子（老年组）百米竞走比赛，并获得第一名。实际上，这时的陈鹤琴处境已经相当被动。

进入1958年5月以后，反对资产阶级个人主义运动，即"拔白旗"运动在各高校中展开。由于陈鹤琴在师生心目中一直是一位慈祥、温和的"老好人"，因此在开始批判阶段，有关方面不得不忙于"消毒"、"肃清影响"。在巨大的政治压力下，陈鹤琴理所当然地成了"白旗"。尤其是在他主动"交心"后，批判、丑化他的大字报和漫画贴满学院的墙壁，他只能一次又一次在各种会议上作检查，进行自我批判。来自有关方面的态度非常明确：对陈鹤琴的批判要进一步升级。他原以为自己只要"彻心彻悟"就能够得到人们的理解，从而"过关"，然而他的"自我批判"、"思想根源"和"决心"又被人们

陈鹤琴陪同外宾参观"南师"。

当做一颗颗"子弹",在全院开展的集中批判中,毫不留情地射向了他自己。许多人在参加批判之后,内心感到愧疚与不安。

有人记载了这样一个场景:

那是在一次全院师生员工大会上,他(按:指陈鹤琴)作为被批判的对象,坐在第一排的中央,垂着眼皮,撅着嘴巴,一副受委屈的孩童神情。台上,一位领导直面着他,唾沫四溅地用苏北腔斥责道:"跳跳舞,钓钓鱼,吃吃老酒(按:陈鹤琴从不吃老酒,也不钓鱼),发发牢骚,你那学问,狗屎不如,不是资产阶级知识分子又是什么?"

1958年夏秋之交,学生们准备前往江西参加劳动。正在接受批判的陈鹤琴来到了火车站,他轮流去了每一节车厢向师生们道别,仍旧表演《我是小兵丁》。人们发现,老院长依然微笑着,但动作却拘束得多了,在结束表演的一瞬间,神情中流露出些微淡淡的哀伤。

1958年12月11日,经江苏省人民委员会第二次会议决定,免去陈鹤琴南京师范学院院长的职务。他按捺不住内心的伤感,心中默默叨念着:"我是一个兵,我的岗位是教育战线,离开了自己的岗位,我这个兵怎么当啊!"

十　最后的心愿

　　晚年的陈鹤琴经常用"老骥伏枥，志在千里"这句古语来勉励自己，他曾表示，自己离开了教育工作岗位并不等于离开了教育。即使在最艰难的时期，他仍然保持着乐观、向上的精神与教育家的本色，不灰心，不懈怠；他热爱儿童、热爱教育的真挚感情从未改变。"文化大革命"结束后，他提出要尊重历史，全面、系统地整理与总结我国五四以来儿童教育的实践与经验，为教育发展服务；同时，对陶行知及其教育思想与实践，也应进行全面、系统的整理和总结。他有一个炽热的心愿："为儿童万代幸福尽余年。"

　　一切为了儿童！

　　1963年10月，陈鹤琴在四川考察期间参观由四川省妇联副主任陆秀创办的"婴儿之家"。

教育家的情怀

　　离开南京师范学院后的陈鹤琴仍担任全国政协委员和省政协副主席等职务，每年他都要照例去北京参加全国政协会议，并列席全国人大，也还要参加省内举行的各种重要集会、视察、参观活动。他对自己所受到的不公正对待并不抱怨，而是积极投身于促进祖国统一等工作。同时，他对教育的情结仍然不能割舍，提出要分清政治问题、世界观问题、学术问题之间的界限，严格区分两类不同性质的政策规定。为此，他制订了详细计划，准备着手整理、总结自己几十年的教育实践，留给后人。他还与老友郑晓沧相约用20年的精力宣扬党的教育思想。

　　1961年3月5日是陈鹤琴69岁生日，当年江西幼师、幼专的学生们带着自己的儿女或孙辈前来祝寿。学生们连声叫着"校长好！""师母好！"陈鹤琴和夫人满面春风，笑得合不拢嘴，一派喜庆气氛。看到自己昔日的学生都已身为人母、人师，他非常感慨。当时国家正处于三年自然灾害的困难时期，学生们带来面条为校长祝寿，陈夫人取出政府配发的罐头食品，热情招待大家。

　　面对此情此景，陈鹤琴的兴致高涨起来，当场挥毫题诗一首：

人生七十古来稀，

今日何尝称稀奇。

报国有心再四十，

欣逢盛世定有期。[1]

诗毕，他请在场的所有学生及孩子签名留念。据那天参加聚会的学生记述，临别时，陈鹤琴夫妇专门关照有孕在身的陈之璐同学，一定要坐三轮车，并再三叮嘱车夫要慢慢踏车，注意安全。殷殷之情，如暖流般滋润着学生们的心田。

有一天，陈鹤琴给在上海和北京的两个正在读小学的孙女各写了一封信，同时附上自己刚完成的一篇儿童文学作品，两个孙女都叫陈虹。他请孙女们帮助他将这篇作品中的文字标注上汉语拼音，以作为注音读物在报刊上发表。孙女接到任务后十分兴奋，很快就完成了。没多久，他将作品发表的消息告诉孙女们，并将稿酬"平分秋色"。这件小事深深印在了孙女们的心头。

1964年9月，陈鹤琴收到一位曾在"南师"幼教专业学习的研究生寄来的一篇论文，其中有对"活教育"进行批判的内容。他在批语中指出："科学实验是一项艰巨、复杂的工作，幼稚园的课程实验也不例外。""对实验工作中出现的问题应当从多方面了解，多方面探讨和分析，不能不问皂白，只看现象，不问本质，只看枝节而否定全体，从而否定'活教育'课程实验的必要性和正确性。"[2]经过了多年的批判，他所抱定的"一砖一瓦"思想依旧不改，他认为，"活教育"所强调的实践并无大错，其中的价值与意义尚没有被更多人所了解与认识。

---

[1]《陈鹤琴全集》（第6卷），江苏教育出版社2008年版，第412页。

[2]《陈鹤琴全集》（第2卷），江苏教育出版社2008年版，第464页。

　　"文化大革命"期间,陈鹤琴被红卫兵和造反派三次抄家,工资被扣发,全家的生活一下变得拮据起来,入不敷出。那时,他经常身穿一件旧的咔叽布中山装,头戴一顶深色便帽,在巷中慢慢地行走;夫人随在他的身旁,有时会替他拉拉衣襟、掸掉衣服上的灰尘。路上,不时会有居民向老两口打招呼、问候。

　　1969年陈鹤琴被下放农村,他以78岁的高龄当起了"放牛娃",有一次不慎被牛角顶伤,差一点伤及眼睛,非常危险。第二年,他与夫人又一次被"疏散"到农村,在劳动大学的食堂洗菜刷碗。干活的时候,老人十分仔细、认真,一丝不苟。他在给子女们的信件中,从无任何愤懑、抱怨或屈辱的情绪

1961年陈鹤琴在
北京学习期间与孙辈
合影。

在农村地头了解青年学习文化技术的情况。

陈鹤琴在农村视察。

陈鹤琴与儿童。

流露，而是尽量将自己的生活和心境描述得好一些。不久之后，在他得到"平反"通知的时候，同样也显得很平静。1970年秋天，他们的大女儿在去湖南"五七干校"途经南京时来看望他们，两位老人兴奋不已，不禁喜极而泣，相拥一起。平日里，陈鹤琴很少提及自己所处的困境。有时他会来到居委会，给"向阳院"的儿童们讲故事，辅导功课，了解他们的校内校外生活。在儿童们心目中，他是一位慈祥可亲的老爷爷。

1973年10月，陈鹤琴大病一场，经过紧急救治，病况有所缓解。回到家后，他情绪有些急躁地对在一旁守护自己的儿女们说："我不能躺着，我要起来，我一定要锻

"文化大革命"
时期，陈鹤琴教街道
"向阳院"的儿童学
习珠算。

1956年陈鹤琴与
夫人在南京玄武湖。

20世纪70年代初在南京。

1974年陈鹤琴大病初愈与家人合影。

炼!"在儿女的帮助下,他先尝试着从床上坐起身来,然后练习下地走路。他扶着桌子,艰难地挪动脚步。

他在《做想见闻录》中写道:"世上无难事,只要肯登攀。我天天早上捶腿两百次,走路二里……"

这时,他的心中仍充满希望与期待。

1978年,陈鹤琴与长子一鸣同去鼓楼幼儿园与小朋友共度六一儿童节。

老骥伏枥

1977年六一儿童节，陈鹤琴与夫人一道来到鼓楼幼儿园看望孩子们，与孩子们在一起，观看节目，讲故事，十分高兴。第二年他们又来了。陈鹤琴说过，无论遇到什么挫折，不论出于何种困难，我热爱祖国、热爱儿童、热爱教育事业的心永远不会改变。

春节时，幼儿园老师带领孩子们来到陈宅拜年。两位老人在孩子们中间乐不可支，一会儿分糖果、一会儿分水果，其乐融融。孩子们天真的笑脸像花儿一样绽放，"陈爷爷好！""陈奶奶好！""谢谢陈爷爷！""谢谢陈奶奶！"清脆的声音响成一片。

1978年仲夏的一天，陈鹤琴对即将参加高考的孙女陈虹说："你考晓庄师范吧！"不久，孙女按照祖父的心愿进入晓庄师范学校。一年后，陈鹤琴在孙女的陪同下来到学校，参加幼儿师范班的成立会，他深情地说：

我从自己的亲身体验中深深感到，同小孩子们在一起是非常快乐的。现在，我虽然已经88岁了，但每当同那些天真活泼的儿童们在一起时，我就感到一下子年轻了好多。作为一个幼教工作者，看到自己亲手把儿童培养起来，教会了他们许多新的东西，使他们的体力、智力各方面都发展起来，心里是会感到有说不出来的快乐的。现在，我虽然年龄大了，但还是想在有生之年，尽自己的能力为孩子们多做一些事。[1]

---

[1]《陈鹤琴全集》(第6卷)，江苏教育出版社2008年版，第327页。

20世纪70年代陈鹤琴看望南京鼓楼幼儿园的孩子们。这是他在给小朋友们讲故事。

1979年9月，陈鹤琴参观晓庄师范陶行知纪念馆后与同行合影。

陈鹤琴与南京晓庄师范附设幼师班师生合影。

陈鹤琴觉得，自己还有许多事情要做，其中最迫切的是写作《我的后半生》，将自己从美国归国以来五十多年的教育实践予以总结；他还希望将自己早期的著作《儿童心理之研究》和《家庭教育》重新出版……

1979年3月，经国务院批准，教育部、中国社会科学院在北京召开第一次全国教育科学规划会议，商讨教育科学研究的发展战略。陈鹤琴因腰部扭伤无法与会，但特地向大会提交了书面发言。他在发言中以自己数十年从事教育事业的亲身体会为例，阐述了对幼儿教育和儿童教育的具体建议：（1）设立儿童玩具、教具、设备的研究和实验机构；（2）全国各省市设立实验幼儿园和实验小学作为进行科学实验、取得系统经验的场所；（3）恢复学前教育和小学教育杂志；（4）全面、系统地整理和总结我国五四以来幼儿教育和儿童教育的实践和经验（包括具体课程、读物、方法、措施），作出科学的分析和评价，吸收其中有益的成分，推陈出新，为社会主义四个现代化服务。

在书面发言的最后，他专门提到对伟大的人民教育家陶行知先生的研究问题。他建议，对陶行知先生的教育实践和思想要全面、系统地整理和科学总结；重新出版陶行知先生的著作。这时，对陶行知的评价，因为牵涉20世纪50年代初期开展的批判《武训传》及"批陶"问题，因此在许多人看来仍是"禁区"，陈鹤琴是十一届三中全会后国内最早正式提出这一问题的著名教育家。在本次大会上成立了中国教育学会，陈鹤琴被推举为该会名誉会长。

1978年在北京参加全国政协会议时与三个女儿合影。

1979年10月，陈鹤琴在南京会见来访的日本友人、陶行知研究专家斋藤秋男教授。

庆祝行知中学建校四十周年纪念

行知同志千古不朽!

永远活在人民心中!

我们教育战线係同志,

我们奋斗目标係同道,

我们实践标准係同升,

我们出生时代係同年,

我们海外来学係同学,

我们回国任教係同事,

我们立志为人係表率,

行知对我　一生係楷模。

陈鹤琴八十八岁于南京一九七七七识

1979年7月,应陶行知夫人吴树琴之请,陈鹤琴为上海行知中学建校四十周年题词。

1979年9月,陈鹤琴由南京晓庄师范校长纪政、孙女陈虹等陪同拜谒陶行知墓。

　　1979年6月,陈鹤琴前往北京出席全国政协第五届二次会议。这是陈鹤琴最后一次来到北京。会议期间,陈鹤琴向大会提出关于恢复和发展幼教事业的提案,内容包括:在各省、市恢复或建立幼儿师范学校,以培养幼教师资;在高等师范学校恢复或建立实验幼儿园和实验小学,作为进行科学实验的场所;设立儿童玩具、教具、设备研究室和实验工厂。他还挥毫题词:"一切为儿童。"

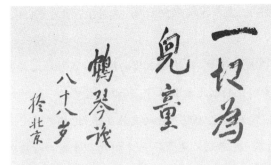

陈鹤琴题词手迹。

会议期间，他的外孙柯为民去宾馆看望他。柯为民从部队复员后进入工厂，又通过自学考上大学。陈鹤琴得知后十分高兴，即兴写了一首诗：

> 北来议政翁矍铄，
>
> 聚谋喜筹四化篇。
>
> 老树十年经风雨，
>
> 雨霁风急尽开颜。
>
> 为民效力用学问，
>
> 恨不再做二十年。
>
> 老马识途尤胜任，
>
> 且看后辈更登攀。[1]

1979年11月3日，中国学前教育学会幼儿教育研究会（1992年2月更名为中国学前教育研究会）成立大会召开。开会那天，陈鹤琴一早起床，穿戴得整

---

[1]《陈鹤琴全集》（第6卷），江苏教育出版社2008年版，第418页。

整齐齐,在孙女陪伴下,坐着轮椅来到会场。大会上,他语重心长地说道:

幼儿教育是一门教育科学,是基础教育的基础。搞好幼儿教育的科学研究工作,摸索出一条中国化的幼儿教育路子,与社会主义现代化的建设有着十分密切的关系。为了实现社会主义现代化的宏伟目标,把亿万幼儿培养成为祖国未来的坚强的生力军,我建议必须十分重视和切实开展对幼儿教育的科学实验,用以促进全民族的幼儿教育事业的发展。[1]

会上,陈鹤琴被推举为幼儿教育研究会名誉理事长。

最后的时光

1980年9月,陈鹤琴因脑血栓导致两腿瘫痪,他坚持着要家人将他扶起,吃力地向前迈着脚步,挪动了一两步后,就再也挪不动了。这次,他没能成功。他曾半开玩笑地对孙女陈虹说:"爷爷要当104岁的大好佬!"

1980年底,他收到了一位名叫江向东的青年教师的来信,信中提出男教师能不能从事幼儿教育的问题。陈鹤琴回信说:男同志照样能当幼儿教师。他写道:

幼儿教育是研究儿童身心发展的一门科学,研究的对象是天真活泼的儿童。只有热爱儿童,接触儿童,了解儿童,才能教好儿童。做父母的都爱孩子,孩

---

[1]《陈鹤琴全集》(第2卷),江苏教育出版社2008年版,第504页。

陈鹤琴在家中阅读报纸。

子也爱父母；父母应该了解孩子，有责任教育好孩子。所以，男女都可以来当幼儿教师，都可以从事幼儿教育。[1]

不久后，根据组织安排，陈鹤琴的三女儿秀云离开了北京一所著名中学校的领导岗位，专门从事收集、编辑陈鹤琴著作的工作。在一鸣、一飞等协助下，她多次往返于京、沪、宁三地，费尽周折，将散落在各处的陈鹤琴的早期著作、来往信函、讲话发言和相关资料，进行搜集整理。陈鹤琴对女儿秀云说："我已经老了，力不从心了，只有靠你们来做这件事了。"当他得知《陈鹤琴教育文集》（上卷）即将付梓时，心中无比高兴。有一次，秀云正在上海的藏书楼收集资料，陈鹤琴打来电话，要女儿立即回南京。当女儿于当晚赶到时，只见他坐在床上，正焦急地等待着。原来，他是为自己的文集写下题词："一切为儿童，一切为教育，一切为四化。"

_____

[1]《陈鹤琴全集》（第6卷），江苏教育出版社2008年版，第359页。

晚年的陈鹤琴。

一切为儿童

一切为教育

一切为四化

陈鹤琴 八二年六月一日

陈鹤琴题词手迹。

有人曾描述了这样一个情形：

1982年3月19日，南京师范学院党委副书记、办公室主任和一位副处长前往陈鹤琴的寓所，当面宣布院党委《对陈鹤琴一九五八年受批判问题所作的复查结论》。陈鹤琴不顾极度虚弱的身体坚持站立着聆听对自己的"复查结论"，宣读的人尽量以较慢的语速将"复查结论"中每一个字都念得清清楚楚，当他们念完最后一个字时，站在对面的陈鹤琴已经抑制不住激动的心情，竟然热泪盈眶。晚饭后，当他一个人独处时，竟然号啕大哭起来，哭声里有悲怆，也有凄凉。家人们没有上前相劝，他们知道，老人心头堆积的委屈、苦闷和压抑实在太多了，需要尽情释放。几天后，中共江苏省委有关部门又来宣读了"批复"，宣布为陈鹤琴平反和恢复名誉。

这时的陈鹤琴，在他的心中还有一个夙愿未能实现，就是加入中国共产党。几十年中，他亲身经历了新旧时代的更替，树立了自己的政治信念。为此，二十多年来，他曾多次递交申请，尤其是当他得知著名民主人士、九三学社主席许德珩先生被批准入党的消息后，他的这个愿望更加迫切。

在他生命的最后时光里，他经常躺在病榻上悉心倾听女儿给他念原幼师、幼专学生们写来的信件；后来，女儿将这些来信录音，并将录音机放在他的床头。他听了一遍又一遍，神情专注，连吃饭也顾不上，连连叫着"我要听录音！""我要听录音！"一边听一边呼唤着每一个学生的名字。当听到学生们称呼他"校长妈妈"时，老人家不禁动情，眼眶中充盈着幸福和激动的泪水……

随着病情加重，陈鹤琴已经说话困难。有一天，他的老友、心理学家潘菽和高觉敷来家中探望，一同前来的还有高觉敷的女儿、原上海幼专学生高亦韦。此时，陈鹤琴只能用眼神传达情感，倾听着老友们说的每一句话。最后，他伸手示意要来纸笔，颤抖着写下了九个字："我爱儿童，儿童也爱我。"

1982年12月30日，陈鹤琴走完了自己的生命历程。

位于上海市万国公墓名人墓区的陈鹤琴墓。

1983年7月许德珩先生题词。

1988年11月江泽民同志为陈鹤琴雕像墓碑落成纪念题词。

把教育办得更好

（代跋）

储朝晖

　　提倡教育家办学是提升中国教育品质的必由路径，令人遗憾的是，近三十年对教育的实地调查使我深感无论是在教育业内还是整个社会，对教育家的认识都是极度模糊的。

　　在我心存为解决这一问题做点什么的愿望时，四川教育出版社前任社长安庆国先生说他一直想出版一套《20世纪中国教育家画传》丛书而未能如愿。于是，我们决定合力将这件事做好，以期对传承、传播教育家的办学理念，促进教育家办学有所裨益。这便是这套丛书编写和出版的缘起。

　　在丛书编写和与各卷作者交流的过程中我体会到，一个时代是否有教育家是与两个方面相关的：一是这个时代是否需要教育家；二是这个时代是否具有产生教育家的环境。可以说任何时代都有具有教育家潜能和品质的人，但只有独立思考，并能依据其独立思考自主实行教育教学的人，才能成为教育家。因此，凡是学人能够自主的时代，出现教育家的概率就高；而在学人不能自主的时代，就不会出现教育家。如果真的期望教育家出现，就要创造教师能够自主教学，学生能够自主学习，校长能够自主办学的社会与制度环境，否则就不可能出现真正的教育家，也不可能培养出杰出人才。

　　教育家的认定最可靠的方式是社会认同，获得较高社会认同的教育从业者，能被社会高度认同为教育家的人就是教育家。当今尚不存在哪个专家或某个机构具有确认教育家的资质。限于条件, 这套丛书还不能对所选传主通过全民投票的方式来确定, 但所选的十位传主确是经过教育史专业的学者海选而产生的, 他们选出了王国维、蔡元培、陶行知、张伯苓、胡适、梅贻琦、黄炎培、徐特立、陈鹤琴、晏阳初, 在20世纪中国教育史上, 他们发挥的教育家作用是毋庸置疑的。令我们感到惊诧的是, 他们在那个年代就已经相互认识, 大都有过直接交往, 其中一些人之间还是挚友, 这应是志同道合使然。

除了外部认同, 教育家必备的内部品质有三种: 一是博爱之心, 执著地爱学生、爱教育工作、爱人类未来的发展; 二是独立思考和不懈求新, 教育已经是数千年的专业工作, 不能独立思考和创新的人是难以成为教育家的; 三是有从事教育工作的专业潜质, 能敏锐地发现教育问题, 并以独特的思考和行为解决问题。有了这三种品质, 在外部条件许可的情况下就会产生诸如教育思想、办学业绩、论著等结果。

是否称得上教育家, 最根本的是看他是否教人做人, 能否依据学生不同的潜能、个性和志向培养出值得他自己崇拜的人。一个人的学业成绩仅仅是他成长发展的一个方面, 学业成绩高并不一定就发展得好, 教出考试成绩高的学生也不是教师成为教育家的垫脚石。近三十年来有不少学生得了各类国际奥林匹克奖, 却未能成长为相关领域真正的专家。陶行知主张办知情意合一的教育, 有一段很有针对性的话: "知情意三者并非从割裂的训练中可以获取。书本教育也许可以使儿童迅速获得许多知识, 神经质的教师也许可以使儿童迅速地获得丰富的感情, 专制的训练也许可以使一个人获得独断的意志, 但我们何所取于这样的知识, 何所取于这样的感情, 何所取于这样的意志? 知情意的教育是整个的, 统一的。知的教育不是灌输儿童死的知识, 而是同时引起儿童的社会兴趣与行动的意志。感情教育不是培养儿童脆弱的感情, 而是调节并启发儿童应有的感情, 主要的是追求真理的感情; 在感情之调节与启发中使儿童了解其意义与方法, 便同时是知的教育; 使养成追求真理的感情并能努力与奉行，便同时是意志教育。意志教育不是发扬个人盲目的意志，而是培养合于社会及历史发展的意志。合理的意志之培养和正确的知识教育不能分开，坚强的意志之获得和一定情况下的情绪激发与冷淡无从割裂。现在我们要求在统一的教育中培养儿童的知情意，启发其自觉，使其人格获得完备的发展。"坦率地说，现在不少学校的学生成绩就是以割裂的方式获取的，这样的学校教育就不能说是真正在教育人，也不可能造就出教育家。如果不能走出这个误区，教育家的出现就永远只能是梦想，教育家办学就只会蹈空。

中外历史上所有教育家的人生旅程都是历经波折，艰难求索的过程。他们虽未自称是教育家，却都在青年时期就有高远的志向，如孔子"十有五而志于学"、陶行知"要让每个中国人都受到教育"，都是普通而又高远的追求。为了实现人生目标，他们不畏权势、不为名利，"捧着一颗心来，不带半根草去"，贫贱不移、富贵不淫、威武不屈、美人不动。教育家的出现首先需要有尊道抑势、以人类发展进步为己任的大胸怀，需要终生不辍的求索和行动。

教育家群体的出现需要有适宜的制度与社会环境，要让有教育家天赋的人敢想、敢干，能想、能干，这种社会条件往往不是一个人、一个机构、一个政策所能创造的。从现实状况看，教师的自主性和创造性未能得到充分发挥确是现有教育管理体制的缺陷，而改变现有体制使更多的人能遵循教育内在规律更高效地工作，就是应该尽快解决的实际问题。

这套丛书突出传主的教育思想、办学理念、办学实践，尤其凸显传主的教育家精神，希望真正激励一批有志教育的人成为教育家，切实有效地推动中国的教育家办学进程。

这一想法的实施是一项艰巨的任务。黄延复先生因与我都有弘扬大学精神的共同心愿而成为忘年之交，在《梅贻琦画传》的写作过程中，我俩仅打过几次电话，便能对对方的想法灵犀相通。在他的指导下，青年学者钟秀斌领悟得很到位，花一年多时间完成了《梅贻琦画传》书稿。年近八旬的戴永增先生，二十多年如一日地进行徐特立研究，我俩因此而成为无话不说的老朋友。说起徐特立，他就像做专题报道，滔滔不绝、如数家珍。为了《徐特立画传》的编写，他亲自找到北京理工大学郭大成书记，要求将这一工作列为该校的一个科研项目；同时他再三鼓励、全力帮助以靳贵珍老师为主的青年学者写作，提携后辈不遗余力。当书稿完成后他在电话中明确坚定地告诉我自己不署名。同样，华东师范大学中国史学研究所房鑫亮教授对《王国维画传》的写作给予大力支持，一开始就明确表示愿意以《王国维全集》的编辑工作为基础，指导徐旭晟博士完成书稿，但自己坚决不署名。这本身就是本套丛书所追求的精神境界之一。

对本套丛书给予直接帮助的个人和团体还有：中国人民大学教授程方平，中国教育研究院徐卫红、夏辉映，北京师范大学教授顾明远、孙邦华，北京理工大学教育研究院，在此一并致谢。此外，由于本套丛书参考的文献浩繁，标注的引文及参考文献或属挂一漏万，对于这种情况，我们在此一并致歉并致谢！

在本套丛书即将出版之际，真诚感谢对各位传主研究有素的专家乐意担任各分册作者。在这个作者队伍当中，既有与我交往数十年的老朋友，也有为完成这次任务而结识的新朋友。在编写和出版这套丛书的基本理念上，我们在认识上高度一致，在情感上高度愉悦，遇到各种困难能够设法克服，较好地保证了这套丛书的内容深度和质量。在此，尤其要感谢前辈学者黄延复、宋恩荣、梁吉生、戴永增、金林祥诸位先生，他们有人和我交谈时说这次的写作是绝笔之作，更令我肃然起敬且感到难以担当，但愿我们的真诚能有助于读者更好地领会各位教育家的精神真谛，碰撞出当今社会更多的真诚，把教育办得更好。

四川教育出版社现任社长雷华、总编辑胡宇红、副社长李晓翔和王积跃对整套书的出版给予了大力支持；张纪亮主任和各位责任编辑为丛书出版花费了大量精力；同时我的爱人胡翠红做了大量资料查阅、梳理工作。在此一并致以诚挚的谢意！

　　尽管本人及各位作者在写作时尽了最大努力，但丛书的缺点和不足在所难免，恳请方家和读者批评指正，所提意见可直接发到我的邮箱：chu.zhaohui@163.com，在此先致谢忱。

2012年3月28日